Neuromarketing

Neuromarketing

Le marketing revisité par les neurosciences du consommateur

Bernard ROULLET
Olivier DROULERS

DUNOD

Ce livre contient des compléments en ligne, retrouvez-les
sur le site dunod.com grâce au moteur de recherche.

Lancez une recherche par titre ou nom d'auteur, vous
trouverez la fiche de l'ouvrage à partir de laquelle vous
aurez accès aux compléments.

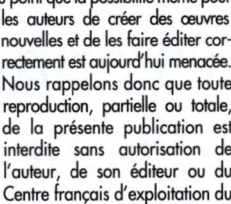
© Dunod, Paris, 2010
ISBN 978-2-10-054564-3

Dédicace

Les auteurs dédient avec affection et reconnaissance cet ouvrage au professeur Joël Jallais de l'université de Rennes 1, qui fut en son temps leur professeur de marketing, leur directeur de thèse et leur référence académique. Qu'il en soit ici chaleureusement remercié.

À propos des auteurs

Bernard Roullet a occupé divers postes marketing en entreprise et dans le conseil, avant de soutenir une thèse de doctorat en sciences de gestion affichant une vision résolument neuroscientifique. Après quatre années passées à l'université de Paris 1 Panthéon-Sorbonne en tant que maître de conférences, où il créa un cours doctoral et de master 2 en neuroscience du consommateur, il enseigne désormais à l'université de Bretagne Sud (UBS). Ses thèmes de recherche, abordés sous l'angle neuroscientifique, incluent le marketing sensoriel et la couleur, les phénomènes émotionnels et les processus implicites de reconnaissance et de mémorisation. Il est chercheur à l'IREA et membre associé du PRISM.

Olivier Droulers est docteur en médecine et docteur en sciences de gestion (PhD, MD). Après avoir travaillé dans plusieurs entreprises dans le domaine du design (Carré Noir) et de l'industrie pharmaceutique (Ciba-Geigy), il intègre l'université. Il est aujourd'hui professeur à l'université de Rennes 1 où il a créé avec des collègues biologistes, un master double compétence « Biologie et gestion ». Dans ses travaux de recherche et dans ses enseignements qui traitent des processus de perception et de mémorisation ainsi que des processus émotionnels, chez le sujet jeune et le sujet âgé, l'approche neuroscientifique est privilégiée. Il est chercheur à l'IREA et membre associé du CREM.

Depuis plusieurs décennies, trois grands domaines scientifiques progressent de façon continue, en bouleversant le mode de vie des hommes et leur vision du monde[1]. Du côté de l'infiniment grand, la cosmologie et l'astrophysique progressent vers une compréhension de l'univers, de son *big bang* et de son évolution. Du côté de l'infiniment petit, la physique des particules et la physique quantique tentent d'élucider le mystère de la matière et de sa masse, en employant de gigantesques collisionneurs. À égale distance de ces infinis, on trouve la biologie et ses spécialités, tout particulièrement les sciences du cerveau ou neurosciences, « vaisseau amiral » des sciences cognitives selon Daniel Andler[2].

Ces dernières ont connu au cours des vingt dernières années une évolution spectaculaire, du fait des innovations technologiques (dues à des investissements publics majeurs[3]) mais aussi grâce aux travaux magistraux de chercheurs exceptionnels, qui ont ouvert des champs entiers de recherche (par exemple les neurones miroirs). Parmi ces chercheurs du monde entier, nous pourrions aussi citer des Français ou chercheurs francophones, marchant sur les traces de Broca, Ribot, Charcot, Binet ou Claparède[4]. Les progrès de la discipline sont tels qu'ils infusent – au grand dam de certains – dans toutes les disciplines des sciences humaines et sociales, voire de leurs champs appliqués. On commence à parler couramment de neurofinance, de neuroéconomie, de neurophilosophie mais

---

1. GELL-MANN M., *Le Quark et le Jaguar, Voyage au cœur du simple et du complexe*, Albin Michel Sciences (1995), CRICK F., *L'hypothèse stupéfiante*, Plon (1995).

2. ANDLER D., « Les sciences cognitives à l'aube de leur deuxième demi-siècle », in ANDLER D. (dir.), *Introduction aux sciences cognitives*, Gallimard (2004) (p. 719).

3. Par exemple la décennie du Cerveau, lancée le 17 juillet 1990 aux États-Unis, ou le centre de recherche NeuroSpin à Saclay, inauguré par le Premier ministre le 24 novembre 2006.

4. Sans être exhaustifs, on peut également citer avec admiration Alain Berthoz, Jean-Pierre Changeux, Stanislas Dehaene, Marc Jeannerod, Michel Jouvet, Didier Naccache, Alain Prochiantz, Jean-Didier Vincent, et tant d'autres.

aussi de neuroesthétique, de neuroéducation (comment apprend un jeune cerveau en développement) ou même de neuroarchitecture (l'impact des environnements artificiels sur le cerveau humain).

▬ Une implication aussi universitaire

Sans surprise, des enseignants-chercheurs en sciences de gestion, dont nous faisons partie, se sont penchés avec grand intérêt dans le milieu des années 1990, à Rennes et à Paris, sur ces neurosciences, qui pouvaient totalement renouveler la vision classique du management et du marketing. Des auteurs tels qu'Antonio Damasio, Francis Crick, Joseph LeDoux, Roger Penrose ou Oliver Sacks, ne sont pas étrangers à cet intérêt. Il fut même si fort qu'il a débouché sur un projet concerté de développement d'une nouvelle discipline, ancrée dans le marketing : la neuroscience du consommateur ou neuromarketing. Un premier colloque eut lieu en Sorbonne en 2008, avec la participation de plusieurs chercheurs européens. Qu'entendons-nous par ce terme de neuromarketing ou de neuroscience du consommateur ?

Le neuromarketing est l'étude des processus mentaux, explicites et implicites, et des comportements du consommateur (dans divers contextes marketing), qui s'appuie pleinement sur les paradigmes et les connaissances des neurosciences (Droulers et Roullet, 2007). Cela veut dire que nous ne promouvons pas une version étroite et utilitaire du neuromarketing qui consisterait en une simple appropriation de méthodologies ou de techniques, mais bien au contraire, que nous adhérons à une version paradigmatique, selon laquelle c'est *le cadre de pensée même des neurosciences* qui devrait s'appliquer à des contextes particuliers de l'activité humaine, comme l'achat et la consommation de produits ou de services, objets d'étude du marketing. Pour distinguer les approches strictement mercantiles (activités à but lucratif, nullement déjugées ici) et universitaires, nous avons avancé le terme de neuroscience du consommateur, à l'instar d'autres chercheurs en Europe, pour qu'il se distingue du neuromarketing, plus centré sur des problématiques publicitaires ou commerciales.

Aujourd'hui, des dizaines de laboratoires universitaires travaillent dans ce domaine que certains regroupent sous l'appellation « neurosciences de la décision ». La plupart des grandes universités reconnues mondialement (classement de Shanghai), ont déjà fondé un laboratoire de neuroéconomie ou de neuroscience du consommateur. Désormais, plus de 2 000 articles traitant spécifiquement des processus neuraux des cognitions humaines sont publiés annuellement. Des congrès internationaux ont lieu chaque année, des revues académiques dédiées ont été créées et dans le cadre des cursus de sciences de gestion ou de management, des cours sont délivrés en universités (en France, par exemple, les universités de Paris 1 et de Rennes 1). De ce point de vue, on peut affirmer qu'un nouveau paradigme s'affirme et se développe.

Parallèlement, des cabinets d'études spécialisés en neuromarketing ont vu le jour depuis la fin des années 1990 et des phénomènes de fusion/acquisition ont actuellement lieu, qui devraient déboucher à terme sur de grands groupes à vocation internationale. On peut citer NeuroFocus (États-Unis), devenu branche neuromarketing du groupe Nielsen, qui a racheté récemment Neuroco (Royaume-Uni).

Dans le domaine du grand public, des revues de vulgarisation, spécialisées dans les neurosciences, rencontrent un succès croissant. Avec un recul de près de 10 ans, il nous semble opportun de proposer aux chercheurs, étudiants et praticiens du marketing une propédeutique de cette neuroscience du consommateur. Il nous semble en effet important de créer une culture « neuro » dans l'entreprise car cette culture – et sa façon de voir le monde et l'homme – s'installe progressivement dans toutes les sciences humaines et sociales et dans la réflexion même des instances dirigeantes.

◼ Le parti pris de l'ouvrage

Cet ouvrage, publié dans la collection *Tendances Marketing*, n'a pas une vocation à être un manuel, un traité, un précis ou une monographie, encore moins un livre de « recettes » managériales, de « cuisine » technique ou de « méthodes infaillibles » pour circonvenir le consommateur en appuyant sur un hypothétique bouton. Tout au plus rechercherons-nous dans ces pages, à sensibiliser le lecteur, en lui faisant prendre conscience que ce faisceau de disciplines scientifiques va durablement changer notre vision de l'homme (sa conscience, son libre arbitre, sa moralité), à la fois dans la société, mais aussi dans l'entreprise et sur les marchés. Cette révolution paradigmatique aura aussi des conséquences ou des incidences philosophiques et idéologiques : naturaliser, ou « biologiser », la conscience n'est pas neutre.

Notre logique implicite et nos grilles de lecture dans cet ouvrage ne reposent pas seulement sur les neurosciences affectives ou cognitives, *stricto sensu*. Sont intégrées explicitement ou implicitement la psychologie évolutionniste, la génétique comportementale, et la psychologie de l'environnement. Nous souhaiterions aussi convaincre le lecteur que l'on peut faire de la neuroscience du consommateur sans nécessairement un scanner d'IRM fonctionnelle. Le cadre théorique, le paradigme, est plus important que l'outil.

Notre parti pris est aussi d'avoir voulu débuter sur des terres connues et arpentées (marketing stratégique et opérationnel, marketing mix) pour les revisiter, les redécouvrir d'un œil neuf, au travers du prisme neuroscientifique ou évolutionniste. Nous avons donc bâti des chapitres habituellement rencontrés dans un manuel classique de marketing, mais en ne traitant que quelques thèmes particuliers, illustratifs pour notre propos. Nous ne donnerons donc dans ces pages que des exemples limités, mais que nous espérons éclairants. Nous avons également ajouté dans l'ouvrage – en plus du traditionnel glossaire – des Focus et des 5 références pour aller plus loin dans chaque chapitre, pour permettre un approfondissement s'il est souhaité.

Notre ambition dans cet ouvrage – ambition qui veut rester modérée – serait de démontrer au travers de ces exemples volontairement limités, qu'un chercheur ou praticien marketing ne peut plus ignorer les neurosciences et leur cadre de pensée dans ses réflexions et ou ses projets, portant sur des consommateurs ou des acheteurs. Si le lecteur en est convaincu à la fin de cette lecture, nous nous estimerons amplement satisfaits.

Il nous reste à vous souhaiter une bonne lecture.

Bernard Roullet et Olivier Droulers

Sommaire

Partie III : NATURALISATION DU MIX

LE MARKETING DANS UN MONDE RÉEL

Le marketing en tant que discipline existe depuis plus d'un siècle et fait l'objet de recherches appliquées et managériales, mais aussi de recherches plus abstraites, épistémologiques ou philosophiques. Mais aujourd'hui, l'étude des cognitions et des comportements humains passe par un examen réaliste et biologique de l'agent qui les produit. Cela ne retire en rien la pertinence éventuelle d'autres niveaux de lecture et d'interprétation du monde et de ses composantes, mais cela les enrichit davantage en les confrontant à des réalités incontournables.

Le but de cette première partie est de revoir avec le lecteur des concepts familiers en marketing (besoins et motivations, facteurs du comportement) mais en les décrivant avec des « lunettes » neuroscientifiques et des fondements théoriques acquis tout au long de ces dernières décennies. En effet, on ne comprend l'état actuel d'une discipline que si l'on connaît son histoire et son parcours, que nous allons retracer dans ce premier chapitre.

Partie I

Chapitre 1

MARKETING ET PSYCHOLOGIE : UNE (LONGUE) HISTOIRE COMMUNE

C e chapitre nous rappelle que le marketing, bien qu'officiellement né aux États-Unis à l'aube du XXᵉ siècle, n'est en fait que l'ancienne pratique commerciale, remontant aux origines de la civilisation, qui consiste à connaître les besoins ou désirs d'autrui pour pouvoir les satisfaire en échange d'une contrepartie, pécuniaire ou matérielle. Cette approche des besoins est de la psychologie appliquée à des contextes de consommation, qui a pris par la suite le nom de recherche en comportement du consommateur et que nous souhaiterions voir muter en neuroscience du consommateur. Nous survolerons brièvement les grandes étapes de l'histoire de la psychologie, auprès de laquelle le marketing s'est toujours inspiré. Nous terminerons par une brève présentation des techniques aujourd'hui accessibles.

Mots-clés

- Introspection
- Behaviorisme
- EEG
- *Homo œconomicus*
- IRM fonctionnelle
- Méthodes projectives
- Psychanalyse
- Psychologie cognitive

FOCUS SUR LES AIRES DE BRODMANN

Il y a un siècle, Korbinian Brodmann[1] entreprit de cartographier le cerveau humain de façon non arbitraire, en tenant compte d'éléments anatomiques (formes des circonvolutions, emplacement des sillons) mais aussi d'éléments biologiques (emplacement et types de neurones etc.). Aujourd'hui encore, la plupart des travaux et articles publiés se réfèrent à Brodmann.

Les progrès de l'imagerie et de l'informatique ont depuis permis d'améliorer ces travaux et de prposer des atlas anatomiques, reconnus par les communautés de chercheurs. Ces atlas permettent des comparaisons entre les études publiées et autorisent la constitution

---

1. BRODMANN K., *Vergleichende Lokalisationslehre der Grosshirnrinde*, Barth (1909).

de bases de données mondiales ou la réalisation de méta-analyses. Les références d'atlas les plus couramment utilisées sont celles de Talairach et Tournoux et celles du Montréal Neurological Institute (MNI, International Consortium for Brain Mapping). Nous indiquons dans la Figure 1.1 les grandes démarcations du cerveau et leur numérotation, introduites par K. Brodmann. Le lecteur pourra s'y reporter lorsque ces aires seront citées dans les chapitres (voir également l'annexe Localisation des aires corticales). En Figure 1.2 sont indiquées les grandes zones corticales visibles qui figurent dans le manuel anatomique de Gray, paru en 1918.

Figure 1.1

Les aires de Brodmann (BA)

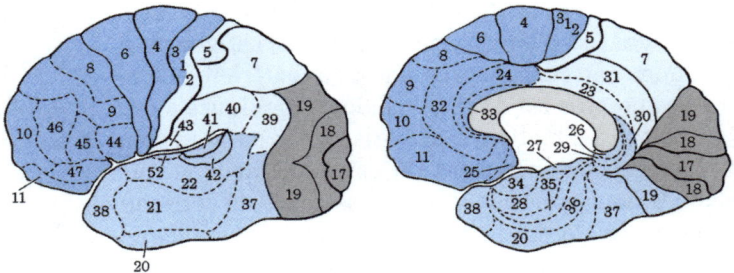

Le cortex latéral gauche est visible à gauche, tandis que le cortex médial droit est visible à droite. Chaque partie numérotée correspond à une zone anatomiquement ou physiologiquement distincte. L'aire BA 44, par exemple, correspond approximativement à l'aire de Broca, l'aire BA 11 au cortex orbitofrontal l'aire BA 24 à l'aire cingulaire antérieure ou encore l'aire BA 17 à l'aire visuelle primaire (V1).

Source : http://brodmann.psyblogs.net/

Figure 1.2

Anatomie de Gray. Hémisphère gauche

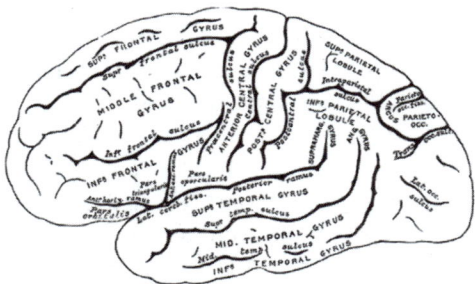

Source : http://upload.wikimedia.org/wikipedia/commons/3/35/Gray726.png

ÉVOLUTION DES CONCEPTS MARKETING SOUS L'INFLUENCE DE LA PENSÉE PSYCHOLOGIQUE ET DES SCIENCES COGNITIVES

Le marketing, en tant que discipline, est né aux États-Unis dès 1905 (université de l'Ohio) où il fut enseigné dans un premier temps comme « distribution de produits », l'appellation « marketing » ne devant être forgée qu'en 1916. Dès l'origine, le marketing devait intégrer les caractéristiques psychologiques des consommateurs en s'imprégnant des apports de la psychologie générale, successivement introspectionniste, behavioriste puis cognitiviste fonctionnaliste. Ces différentes écoles ne se suivirent pas de façon linéaire et successive, mais cohabitèrent voire s'opposèrent quelques décennies. Dans ce chapitre introductif, nous proposons de rappeler les principales phases épistémologiques au cours desquelles les chercheurs en comportement du consommateur ont importé certains concepts.

▬ Le « premier inconscient » : de l'introspection à la psychanalyse

Les travaux de Freud et, en particulier, son ouvrage *L'Interprétation des rêves*, publié en 1900, vont progressivement faire accepter le concept d'inconscient dans le domaine des sciences humaines et sociales[1]. C'est une vraie révolution car les deux disciplines qui vont largement inspirer le marketing dès ses débuts – l'économie et la psychologie – semblent ignorer, chacune à leur manière, cette part du fonctionnement psychique. En économie, la représentation théorique du comportement de l'individu repose sur le concept d'*homo œconomicus* dont une des qualités principales est la rationalité. L'individu est en mesure de connaître ses préférences pour tout produit ou combinaison de produits susceptible(s) de satisfaire ses besoins. Plus encore, il sait hiérarchiser ses besoins. Cette simplification permet *in fine* de construire des modèles mathématiques dans le but d'expliquer et de prévoir les comportements des acteurs économiques.

---

1. FREUD S., *Die Traumbedeutung*, Deuticke (1900).

Quant à la psychologie, quelle soit introspectionniste ou behavioriste, l'inconscient en est absent. Dans la psychologie introspectionniste, on pourrait dire que l'inconscient est absent par défaut. Avec cette perspective, que l'on nomme « à la première personne », le sujet explore ses propres pensées conscientes ; or, selon un des pères fondateurs de la psychologie, « l'introspection ne peut jamais aller au-delà des faits de conscience » (Wundt, 1862). Le marketing a été, et reste, un utilisateur impénitent de l'introspection, sollicitant constamment le consommateur pour qu'il s'explique sur les raisons de ses achats avec pourtant, au total, un taux de succès souvent faible (il est connu qu'une très large majorité des nouveaux produits sont des échecs alors qu'au préalable, souvent, le consommateur a été « questionné »).

Avec le behaviorisme, l'absence de l'inconscient est clairement revendiquée. En 1913, Watson dans un article intitulé « La psychologie telle que le béhavioriste la voit »[1] établit les principes de base du behaviorisme en affirmant que « du point de vue des behavioristes, la psychologie est une partie purement expérimentale et objective des sciences naturelles qui a aussi peu besoin de l'introspection que ne l'ont la chimie ou la physique ». Selon Watson, la psychologie doit négliger les aspects mentalistes (la conscience) pour observer exclusivement les entités comportementales visibles, c'est-à-dire ici les stimuli et les réponses associées.

En considérant uniquement le fonctionnement conscient de l'individu (souvent comparé à la partie émergée de l'iceberg), les gestionnaires, et en particulier les marketeurs, constatent progressivement l'impasse dans laquelle cette démarche les conduits. « le cerveau ne nous instruit aucunement sur la façon dont il fonctionne » disait Lashley[2], et le fait de demander à un consommateur les simples raisons d'un achat ou d'un non-achat d'un produit conduit souvent à des erreurs. Dans un article de 1950 devenu célèbre, Haire[3] démontre tout l'intérêt qu'il y a à importer dans le champ du marketing les méthodes projectives, alors largement utilisées en psychologie clinique, d'inspiration psychanalytique. Il fait largement référence dans son article à Rorschach, psychiatre et psychanalyste suisse, célèbre pour avoir mis au point le test des taches qui porte son nom (cf. Figure 1.3 et Chapitre 5).

---

1. WATSON, J. B., « Psychology as the behaviorist views it », *Psychological Review*, 20, 158-177 (1913).
2. LASHLEY K., *Brain mechanisms and intelligence*, Chicago (1929).
3. HAIRE M., « Projective techniques in marketing research », *Journal of Marketing*, 14, 5, 649-656 (1950).

Planche n° 1 du test des taches d'Hermann Rorschach.

Figure 1.3

Source : http://commons.wikimedia.org/wiki/File:Rorschach1.jpg

Haire prend l'exemple d'un produit nouveau pour l'époque qui, lors de son lancement, ne rencontre pas le succès attendu : le café soluble instantané. Quand on demande à des consommateurs qui ne consomment pas ce produit les raisons de leur non-achat, la réponse est presque toujours la même : « je n'aime pas son goût ». C'est justement cette réponse souvent identique qui conduit le chercheur à soupçonner un stéréotype. Il utilise alors une méthode projective pour essayer d'aller plus loin. Il propose à des femmes de prendre connaissance d'une liste de courses et il leur donne comme consigne : « Essayez de vous projeter dans la situation autant que possible jusqu'à ce que vous puissiez imaginer la femme qui a acheté ces produits. Ensuite, écrivez une brève description de sa personnalité et de son caractère ». Deux listes de courses presque identiques sont construites avec pour seule différence la présence du café instantané Nescafé dans l'une et du café moulu Maxwell dans l'autre (cf. Tableau 1.1)

Listes de courses fournies par Haire (1950)

Tableau 1.1

Liste de courses 1	Liste de courses 2
Une livre et demie de viande hachée	Une livre et demie de viande hachée
Deux pains de mie Wonder	Deux pains de mie Wonder
Une botte de carottes	Une botte de carottes

Une boîte de levure Rumford	Une boîte de levure Rumford
Café instantané Nescafé	*Café moulu Maxwell House*
Deux boîtes de pêches Del Monte	Deux boîtes de pêches Del Monte
Cinq livres de pommes de terre	Cinq livres de pommes de terre

Cette méthode projective révèle effectivement le frein principal à l'achat du produit. Les personnes confrontées à la liste contenant du café soluble instantané décrivent les ménagères comme paresseuses dans 48 % des cas (contre 4 % pour le café moulu), ou comme ne sachant pas gérer correctement les achats du ménage : 48 % des cas (contre 12 % pour le café moulu). Haire démontra que cette méthode d'inspiration psychanalytique, simple au demeurant, permettait de mieux cerner les motivations et les freins du consommateur que les usuels questionnaires.

■ L'inconscient moderne : de la psychologie cognitive aux neurosciences

C'est l'article, dévastateur pour le dogme behavioriste, de Chomsky paru en 1959 dans *Language* qui initie le retour en grâce du psychisme et de la conscience dans le champ psychologique. Des spécialistes du langage, du traitement de l'information et de la cognition fondent les sciences cognitives et la psychologie elle-même va devenir « cognitive ».

Partant de l'étude du comportement, la psychologie cognitive vise à étudier et à modéliser les grandes fonctions psychologiques de l'être humain comme la perception, l'attention, la mémoire, le langage, l'intelligence, le raisonnement ou la résolution de problèmes.

▶ Prise en compte de la boîte noire

À son tour, la recherche en comportement du consommateur s'éloigne du behaviorisme, qui surestime l'importance de l'apprentissage et plus généralement de l'environnement, et se distancie de ses approches simplificatrices fondées sur les seules procédures de conditionnement (répétition, généralisation, extinction…). S'intéressant à la « boîte noire » et à son fonctionnement, plusieurs auteurs proposent de représenter les différents processus par lesquels passe un consommateur sous la forme de modèles intégrateurs complexes. Dès 1966, Nicosia propose un modèle du processus de décision spécifique puisqu'il traite principalement de la formation des attitudes chez un individu exposé à l'influence d'un message publicitaire. En 1969, Howard et Sheth proposent un modèle de comportement de l'acheteur plusieurs fois révisé par la suite. Le modèle le plus ambitieux – car il vise à intégrer l'ensemble des étapes du processus décisionnel lors d'un achat – est celui conçu en 1968 par Engel, Kollat et Blackwell. Ce modèle, qui s'inspire du fonctionnement d'un ordinateur, a lui aussi souvent été révisé. Les nombreux modèles de fonctionnement de la mémoire qui apparaissent visuellement comme de nombreuses boîtes reliées de manière complexe par de nombreuses flèches, sont d'autres exemples de cette approche modélisatrice.

▶ Et l'émotion, dans tout cela ?

Cependant, la psychologie cognitive se heurte à plusieurs difficultés dont une principale, l'intégration dans les processus de décision du rôle des émotions et de l'affect. Par exemple, la récupération d'un souvenir en mémoire épisodique ne consiste pas en la simple récollection d'éléments factuels contextuels (hier j'ai regardé un match de foot à la télévision avec des amis), mais s'accompagne d'émotions, dont l'intensité et la valence peuvent varier de façon continue. Si aujourd'hui la psychologie cognitive reconnaît davantage le rôle des émotions, leur intégration dans les modèles pose encore d'importants problèmes. Les modèles de comportement du consommateur sont bien sûr confrontés aux mêmes carences. Cela conduira, dans les années 1980, à un plaidoyer pour une meilleure prise en compte des phénomènes affectifs en marketing. Par ailleurs, la prise en compte de l'influence de l'âge dans les processus cognitifs n'a été réalisée que très progressivement. Il suffit de consulter les sommaires des principaux ouvrages de psychologie cognitive pour observer la très faible place accordée au processus du vieillissement. Ces lacunes en psychologie cognitive sont particulièrement problématiques pour les marketeurs qui reconnaissent progressivement la place importante des émotions dans les prises de décision et qui, dans le monde entier, sont confrontés au vieillissement de la population[1].

---

1. DROULERS O., « Influence de l'âge sur la mémorisation des marques présentées dans des publicités à la télévision », *Revue Française du Marketing*, 208, 3/5, 1-11 (2006).

‣ La révolution de l'imagerie

Parallèlement, les percées théoriques considérables et régulières réalisées à la fois dans le domaine de la physique et du traitement des données permettent, dans le tout début des années 90, d'aboutir à une véritable révolution technologique. Pour la première fois dans l'histoire de l'humanité, l'homme est en mesure d'observer son cerveau fonctionner en temps réel et la psychologie cognitive purement fonctionnaliste, se voit obligée à terme d'intégrer les apports des neurosciences cognitives. Dès 1997, dans l'ouvrage intitulé *Le cerveau en action*, Stanislas Dehaene, professeur au Collège de France, se demandait « s'il sera possible à un grand laboratoire, dans 10 ou 20 ans, de pratiquer la psychologie sans avoir accès aux méthodes d'imagerie cérébrale fonctionnelle »[1].

Figure 1.4

Scanner IRM

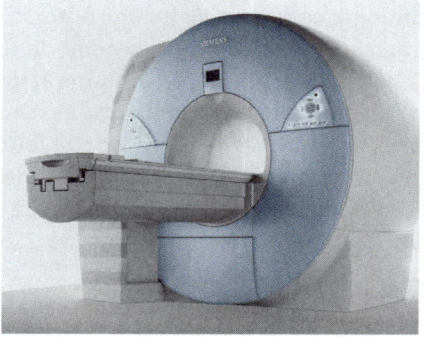

Un scanner IRM Siemens Magnetom Trio™ 3 Teslas.

Chaque année, le nombre croissant de publications mobilisant les méthodes d'imagerie cérébrale fonctionnelle donne la réponse (par exemple, en 2009, plus de 3 000 articles qui utilisent la méthode imagerie cérébrale par résonance magnétique fonctionnelle – IRMf – ont été publiés, soit environ 12 articles par jour[2]). Les progrès sont constants, les découvertes importantes. Prenons comme exemple, l'émotion. En partie grâce aux expérimentations neuroscientifiques menées sur la peur,

---

1. DEHAENE S., *Le cerveau en action*, PUF (1997).
2. Une des gageures pour le chercheur ou le praticien, est dès lors de se « maintenir à niveau » et d'intégrer dans son cadre théorique, les avancées continues dans le domaine.

l'émotion a retrouvé droit de cité, dans la plupart des sciences humaines et sociales. De même, l'existence des cognitions et des affects implicites ne parvenant pas au seuil de la conscience, mais altérant cependant des représentations conscientes, est confirmée. Les chercheurs et les professionnels en marketing (en entreprise, en agence ou dans d'autres organisations, en particulier au service du public) sont confrontés à une question similaire : aujourd'hui, peut-on étudier, comprendre, la psychologie et le comportement du consommateur sans avoir une bonne connaissance du paradigme neuroscientifique, de ses fondements, et des progrès déjà réalisés? Nous sommes convaincus pour notre part, que la neuroscience du consommateur sera dans les années à venir une source très importante de nouvelles connaissances et de nouvelles idées, profitables à toutes les parties prenantes.

LES TECHNIQUES D'IMAGERIE ET LEURS APPLICATIONS EN NEUROSCIENCE DU CONSOMMATEUR

L'objectif de cette partie n'est pas de présenter de façon détaillée les techniques utilisées en neuroimagerie, ce qui a déjà été fait de façon approfondie dans divers ouvrages[1] ou condensée dans des recensions récentes[2]. Une présentation synthétique est cependant utile afin de bien comprendre leur intérêt grandissant, mais aussi appréhender les nombreuses questions voire les peurs, suscitées par l'utilisation de ces techniques. Deux groupes de méthodes coexistent. Les premières reposent sur une mesure directe de l'activité cérébrale, les secondes sur une mesure indirecte de cette activité.

▬ Les mesures indirectes de l'activité cérébrale

La TEP (tomographie par émission de positons) n'est pas utilisée en neuro-marketing car elle requiert l'injection de traceurs radioactifs. L'imagerie fonctionnelle par résonance magnétique (IRMf) qui ne nécessite pas l'uti-

---

1. CABEZA R. et KINGSTONE A., *Handbook of functionnal neuroimaging of cognition*, MIT Press (2006).
2. AMARO Jr. E. et BARKER G. J., « Study design in fMRI : Basic principles », *Brain and cognition*, 60, 3, 220-232 (2006).

lisation de tels traceurs, permet la répétition des observations chez un même individu. Elle repose sur une différence de signature magnétique de l'hémoglobine selon que cette dernière est saturée ou non d'oxygène. La méthode la plus employée vise à détecter les variations de concentration locale en désoxyhémoglobine afin d'observer et d'enregistrer les variations de consommation d'oxygène, et donc les variations de débit sanguin cérébral dans les diverses zones cérébrales[1]. La résolution temporelle de cette méthode (l'événement le plus rapide qu'il est possible de mesurer) est faible, de l'ordre de 4 à 6 secondes mais la résolution spatiale (le détail le plus fin qu'il est possible de voir) est relativement satisfaisante (quelques millimètres) pour les scanners courants actuels (1,5 à 3 teslas), voire exceptionnelle (100 microns) pour les scanners à champ intense (7 teslas et plus). Cependant, certaines régions cérébrales sont plus difficilement visualisées du fait de la présence de cavités perturbatrices (sinus frontaux, conduit auditif).

Nous pouvons également citer une technique récente, plus fruste mais plus accessible : l'imagerie spectrographique en proche infrarouge (*NIRS*). Elle consiste à émettre des rayonnements infrarouges peu énergétiques dans un casque au travers de la voûte crânienne. Des photons infrarouges ne pénètrent le cerveau que sur quelques millimètres et ils sont réfléchis différemment par l'oxyhémoglobine ou la désoxyhémoglobine du sang. Cette différence permet de localiser les régions cérébrales activées. Une société japonaise propose désormais une version portable du système, comportant un bandeau de 400 g et un boîtier enregistreur à la ceinture de 630 g[2]. Le logiciel associé peut gérer simultanément jusqu'à 24 sujets porteurs (application potentielle en focus-groupe). Ses principaux défauts sont la faible résolution spatiale (2 cm, soit plus de 10 fois la limite actuelle des IRMf) et l'impossibilité de scruter les zones sous-corticales profondes. Néanmoins, pour des études d'activation centrées sur des régions précises qui suscitent l'intérêt du neuromarketing (nous les verrons dans les chapitres qui suivent), la technique peut s'avérer très efficace et d'un bon rapport efficacité/prix.

---

1. Mesure du signal BOLD : *Blood Oxygen-Level Dependant*.
2. TABUCHI H., « Hitachi : Move the train with your brain », *Associated Press/AP Online*, 22/06/2007.

Les mesures directes de l'activité cérébrale

La plus ancienne méthode d'étude de l'activité cérébrale, l'électro-encéphalographie, a été proposée en 1929 par Berger. Elle vise à mesurer les variations de champ électrique présentes au niveau du scalp. Le développement de l'informatique a conduit à une amélioration de cette méthode en permettant de traiter les données issues d'un nombre beaucoup plus grand de capteurs (124 voire 264 capteurs sur un seul scalp). On parle alors de cartographie EEG et de potentiels évoqués (voir Chapitre 5). Cette méthode possède une excellente résolution temporelle (0,5 à 1 milliseconde) mais une très mauvaise précision spatiale (quelques millimètres à plusieurs centimètres). Par ailleurs, les régions les plus profondes du cerveau (noyaux gris centraux, amygdales, thalamus) ainsi que le cervelet, ne peuvent être étudiés pleinement avec les techniques électromagnétiques.

Une seconde méthode, la magnétoencéphalographie (MEG), détecte les minuscules champs magnétiques générés par l'activité électrique des neurones synchronisés. Cette technique permet de suivre des processus cérébraux milliseconde par milliseconde, mais avec une résolution spatiale moyenne, de l'ordre de plusieurs millimètres. Ces techniques ne sont pas mutuellement exclusives et leur conjugaison permet de gagner des points de résolution appréciables (EEG + IRMf ou MEG + EEG, par exemple), ce qui laisse augurer de futures performances que nous envisagerons en conclusion. Une synthèse des avantages et inconvénients de ces méthodes est portée dans le Tableau 1.2 ci-dessous.

Les principales caractéristiques des méthodes d'imagerie cérébrale   Tableau 1.2

	Accessibilité	Coût faible	Résolution spatiale	Résolution temporelle	Innocuité
TEP	- -	- -	+	- -	-
IRMf	-	-	++	-	+
EEG/PE	++	++	- -	++	++
MEG	- -	- -	-	++	+

Les signes + indiquent les qualités respectives de chaque technique selon le critère.

Limites et réserves quant aux techniques de neuroimagerie

L'utilisation de ces techniques impose néanmoins quelques contraintes au sujet testé. Lors de l'utilisation de l'IRMf et de la MEG, le sujet ne doit absolument pas bouger la tête, qui est souvent bloquée à l'aide de divers dispositifs. Par exemple, l'équipe de Knutson, dans leur étude relative aux décisions d'achat liées au niveau de prix, a été contrainte d'écarter 8 sujets de l'échantillon final « du fait de mouvements excessifs de la tête » (plus de 2 mm de variation). Plus encore, lors de l'utilisation de l'IRMf, le patient est étendu dans un tunnel très étroit et doit porter des bouchons acoustiques afin de diminuer le bruit généré par l'appareil en action. Ces désagréments sont néanmoins à nuancer au vu des analyses qualitatives menées auprès de sujets volontaires. Au regard de ces précédentes techniques, l'EEG paraît être une technique particulièrement souple, totalement indolore, non stressante, permettant au sujet de bouger. Des constructeurs ont ainsi récemment proposé des appareils permettant au sujet une grande liberté de mouvements : il peut par exemple déambuler librement dans une grande surface commerciale (voir également le Chapitre 5 sur les études de marché). Enfin, les techniques de neuroimagerie exigent, pour des raisons de non-perturbation du champ magnétique, l'utilisation des matériels périphériques à fibre optique (présentation de stimuli visuels ou acoustiques, enregistrement de réponses comportementales etc.) qui ne génèrent pas de champ magnétique parasite.

L'avenir de l'imagerie cérébrale fonctionnelle est déjà discernable et certaines améliorations, voire certaines innovations, sont susceptibles de lever plusieurs limites abordées ici. Pour illustration, qu'il suffise de citer l'imagerie en infrarouge proche évoquée *supra*, la tractographie qui permet de visualiser les connexions structurales et fonctionnelles entre les modules cérébraux, ou encore la stimulation magnétique transcrânienne (TMS) qui permet une neuropsychologie clinique (étude de lésions et de déficits associés) mais ponctuelle, non invasive et réversible. Le progrès neuroscientifique passe également par l'emploi de nouvelles techniques de traitement statistique de l'information, recueillie par l'imagerie : l'analyse en composantes indépendantes (ICA), les analyses discriminantes multiples (MDA) et l'analyse des schémas multivoxels (MVPA) viennent renforcer les analyses de variances et les modèles de régression linéaire, plus classiques.

▬ Des méthodes plus classiques mais efficaces

Lorsqu'on évoque le paradigme neuroscientifique et l'objectivation des mesures dans un contexte marketing, on doit également penser – et éventuellement recourir – aux techniques psychophysiques, apparemment plus « rustiques » mais cependant robustes et fiables. Nous citerons par exemple la réponse électrodermale, la poursuite oculaire (*eye-tracking*), le rythme cardiaque, la fréquence respiratoire ou l'électromyographie faciale, parfois associés à des logiciels d'assistance.

À titre d'exemple illustrant une approche pragmatique du neuromarketing ou de la neuroscience du consommateur, on peut citer un article récent du journaliste Brat du *Wall Street Journal*[1]. Ce dernier présente le renouvellement du packaging de la soupe Campbell, marque légendaire, immortalisée par les créations d'Andy Warhol.

Le sachet de soupe Campbell, avant (gauche) et après (droite) · Figure 1.5

Les chefs de produits s'étaient rendu compte que le consommateur confondait facilement les multiples variétés de soupes en boite dans les rayons et que le visuel type n'induisait pas beaucoup de réactions

---

1. BRAT I., « The Emotional Quotient of Soup Shopping : Campbell's Taps 'Neuromarketing' Techniques to Find Why Shelf Displays Left Some Customers Cold », *Wall Street Journal*, 17/02/2007.

émotionnelles. Le logo Campbell attirait également trop l'attention par rapport aux autres informations de la boîte (voir Figure 1.5). À l'aide de mesures psychophysiques (dont la réponse électrodermale et la poursuite oculaire), le cabinet conseil a suggéré différentes innovations : une signature-logo reléguée en bas du sachet, un rouge moins vif, des codes couleurs en haut pour chaque gamme générale, un bol modernisé, la disparition de la grosse cuillère et l'ajout d'un fumet provenant d'une soupe chaude. La nouvelle livrée devrait être étrennée à la rentrée 2010.

À RETENIR

▸ La variété des outils utilisés aujourd'hui en marketing témoigne des emprunts réguliers aux autres disciplines : questionnaires issus de la psychologie et de la sociologie, entretiens qualitatifs d'inspiration psychanalytique, méthode des protocoles d'essence introspectionniste, méthodes de traitement des données mises au point par les statisticiens...

▸ L'intégration des méthodes d'imagerie cérébrale dans l'étude de la psychologie et du comportement du consommateur s'inscrit dans cette histoire. Une différence, cependant : auparavant, le marketing s'était largement ressourcé auprès d'autres disciplines en sciences humaines et sociales (psychologie et sociologie, tout particulièrement). Aujourd'hui c'est vers des sciences dites « dures » – physique et biologie – qu'il se tourne, et de manière durable.

▸ Tout en restant fidèles au cadre théorique des neurosciences, des techniques plus basiques ou périphériques (c'est le système orthosympathique qui est évalué par les mesures psychophysiques) permettent également un recours accessible et maîtrisable à des mesures biologiques objectives.

▸ Les neurosciences sont-elles d'une quelconque utilité pour le marketing et la recherche en comportement du consommateur ? Oui, pour deux raisons majeures : le cadre théorique des neurosciences permet d'appréhender globalement et de façon cohérente les cognitions et les comportements du consommateur (mieux que d'autres cadres explicatifs) et les techniques employées permettent d'accéder à des résultats inenvisageables par ailleurs et ce, à des coûts directs en constante réduction (350 à 500 € par sujet environ).

5 RÉFÉRENCES POUR ALLER PLUS LOIN

- ARIELY D. et BERNS G. S., « Neuromarketing : the hope and hype of neuroimaging in business », *Nature Reviews Neuroscience*, 11, 4, 284-292 (2010).
- CALDER, B. J. et TYBOUT A. M., « What consumer research is », *Journal of Consumer Research*, 14, 136-140 (1987).
- DICHTER E., « Psychology in market research », *Harvard Business Review*, 25, 432-443 (1947).
- FARAH M. J., « Emerging ethical issues in neuroscience », *Nature Neuroscience*, 5, 11, 1123-1129 (2002).
- HUBERT M. et KENNING P., « A current overview of consumer neuroscience », *Journal of Consumer Behaviour*, 7, 4-5, 272-292 (2008).

Chapitre 2
BESOINS ET MOTIVATIONS DES AGENTS ÉCONOMIQUES

Ce chapitre reprend des thématiques qui sont classiques dans recherche en comportement du consommateur depuis une cinquantaine d'années. Il s'agit des besoins, des désirs et des motivations, que semble devoir éprouver le consommateur pour se fixer des buts et tenter de les atteindre au travers d'actions et de comportements, logiques ou cohérents dans leur succession. Ce pan de la recherche dépasse largement la stricte application au consommateur, c'est-à-dire un individu en situation d'échange économique, car ces besoins sont présents chez tout être vivant, afin d'assurer sa survie puis sa descendance. De nombreuses théories se sont succédées pour tenter d'expliquer ce qu'étaient les besoins, pourquoi ils existaient et semblaient susciter des réactions affectives, tant positives que négatives et s'il était possible de classifier différentes sortes de besoins.

Mots-clés
- Affiliation
- Besoins (hiérarchie)
- Homéostasie
- Intention
- Maslow (Abraham)
- Motivations
- Punition
- Récompense

FOCUS SUR LES NOYAUX GRIS CENTRAUX (GANGLIONS DE LA BASE)

Les noyaux gris centraux comprennent un ensemble de structures sous-corticales situées au centre du cerveau, mais présentes dans chaque hémisphère. Ces structures sont importantes pour l'élaboration et la coordination de gestes moteurs (que nous n'aborderons pas ici) et pour l'orientation de l'organisme vers des « récompenses » (quelle que soit leur forme) optimisant sa survie et son bien-être.

Figure 2.1

Les noyaux gris centraux

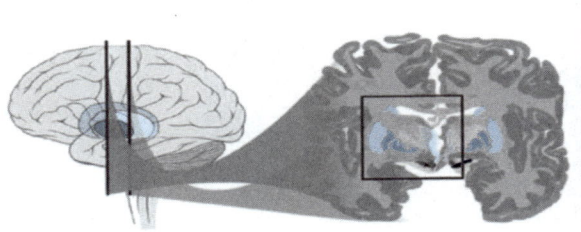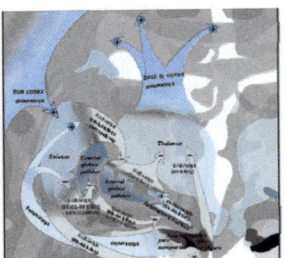

Source : http://commons.wikimedia.org/wiki/File :Basal_ganglia_circuits.svg

Figurent parmi ces structures connexes et hautement connectées : le néostriatum (noyau caudé + putamen) et le pallidum (globus pallidus interne et externe). Le tout est généralement désigné sous le terme de striatum. On distingue néanmoins physiologiquement le striatum dorsal (avec des afférences provenant du cortex) et le striatum ventral (avec des afférences provenant du système limbique) qui inclut alors en plus le noyau accumbens, souvent cité dans les études neuroéconomiques[1].

Le striatum en général comprend de nombreuses boucles de liaison avec le cortex frontal, en particulier avec le cortex moteur (composante motrice), le préfrontal dorsolatéral (composante cognitive), et le cortex orbitofrontal médian (composante affective). Ces structures semblent importantes pour la réalisation de l'apprentissage initial, en particulier dans le renforcement de l'apprentissage stimulus-réponse. De manière schématique, ces structures permettent de donner une « valeur » initiale attendue à un stimulus marketing (une marque, un logo, un packaging) en rapport avec un but poursuivi (boire, afficher un statut, se faire plaisir) et de prédisposer alors à un comportement pertinent (en final, approche ou évitement du stimulus). L'apprentissage dans le temps permet d'affiner (à partir d'essais/erreurs) le circuit de récompense ou de punition qui se stabilisera sur une valeur attendue, une probabilité d'atteindre un but donné et le comportement adéquat nécessaire.

---

1. Ce noyau, intégré au circuit de récompense, serait l'un des substrats du concept d'utilité anticipée ou valeur attendue, très employé en économie comportementale. Martin-Gauthier (2006) reprend l'image de Brian Knutson en indiquant que, si le noyau accumbens est l'accélérateur, la région médiale du cortex préfrontal est le volant qui peut orienter le choix du moment.

BESOINS PHYSIOLOGIQUES ET RECHERCHE PERMANENTE D'ÉQUILIBRE

Les chercheurs en psychologie sociale utilisent le terme de « motivation » pour décrire « pourquoi une personne dans une situation donnée choisit une réponse plutôt qu'une autre ou fait une réponse donnée plus fréquemment qu'une autre ou avec beaucoup plus d'énergie »[1]. Alors qu'une majorité de la recherche concerne l'étude des motivations conscientes, on reconnaît aujourd'hui qu'une partie significative des fixations de buts à atteindre (*goal-setting*) puis des tentatives d'atteinte de ces buts (*goal-striving*), s'accomplissent sur des modes implicites, ne parvenant pas nécessairement à la conscience de son auteur. Alternativement, des indices subliminaux ou périphériques peuvent amener des buts inconscients à un niveau de conscientisation qui débouche ensuite sur des mesures de planification ou d'organisation bien plus explicites. On peut supposer que ces modes implicites ont précédé dans l'évolution les modes conscients et qu'ils se retrouvent dans toute la lignée des mammifères.

▬ La notion d'homéostasie

Un équilibre du milieu intérieur (de l'organisme) maintient un état de bien-être (pour les animaux à sang chaud[2]). Or l'instabilité est permanente dans notre organisme car notre métabolisme modifie cet équilibre. Le psychiatre Arnold Mandell disait d'ailleurs : « en biologie, quand vous atteignez un équilibre, vous êtes mort ». L'homéostasie est donc définie comme la recherche permanente de l'équilibre, fugace, dans le milieu intérieur de l'organisme (le soi) qui interagit constamment avec l'environnement (le reste du monde). Si l'on considère l'émotion comme le signal interne pertinent d'une modification de l'homéostasie, alors tout événement extérieur perceptible (conscient ou non) génère une émotion

---

1. BARGH J.A., GOLLWITZER P.M., et OETTINGEN G., « Motivation », in S. FISKE, D.G. et G. LINDZEY (eds.), *Handbook of social psychology* (5th ed.), Wiley, 268-316 (p. 268) (2010).
2. « C'est seulement chez les animaux à sang chaud, qu'il paraît y avoir indépendance entre les conditions de l'organisme et celles du milieu ambiant [...] il semble qu'une force intérieure vienne lutter contre ces influences et maintenir malgré elles l'équilibre des fonctions vitales », Claude Bernard, *Introduction à l'étude de la médecine expérimentale*, Garnier-Flammarion (1865).

(consciente ou non, intense ou infime), indicatrice d'un changement dans cette interaction dynamique[1]. Cette recherche d'équilibre (ce but) est, d'une part, automatique et inconsciente pour certaines carences physiologiques et, d'autre part, volontaire et consciente pour d'autres carences de nature sociale par exemple.

▬ Les motivations et la poursuite de comportements intentionnels (ayant un but[2])

La motivation est en quelque sorte l'énergie qui pousse à satisfaire un besoin. Depuis un siècle et demi, on s'efforce de comprendre de quoi il s'agit. S'engager dans une activité pour satisfaire un besoin, c'est se fixer un but (consciemment ou non) et agir d'une façon particulière afin de l'atteindre. Chaque phase de l'action présuppose un état initial supposé et une croyance quant à l'influence possible du soi sur un objet. Les croyances conduisent à avoir des attentes : compte tenu de ma « croyance » envers la théorie de la gravité, je « m'attends » à ce qu'une pomme mûre tombe de l'arbre et ne le surplombe pas.

Au-delà de l'énumération et de la description de ces concepts de besoins ou de motivations, on peut tenter de se faire une idée sur les substrats biologiques, neurologiques, de ces concepts. C'est que nous verrons en abordant deux systèmes complémentaires qui permettent l'existence des motivations chez les êtres vivants : le circuit de récompense et le circuit de répression (ou punition).

LES CIRCUITS DE RÉCOMPENSE ET DE PUNITION

D'un point de vue évolutif, il est essentiel pour les êtres vivants animés de se fixer pour but la recherche de récompense(s) et l'évitement de

---

1. ROULLET B., « Influence de la couleur en marketing : vers une neuropsychologie du consommateur », Thèse de doctorat en sciences de gestion, Université de Rennes 1 (p. 30) (2004) – http://hal.archives-ouvertes.fr/index.php ?halsid=trho639aa814k42s6d qklmkfn6etview_this_doc=tel-00208003etversion=1.
2. Les termes « intentionnel » ou « intentionnalité » peuvent parfois recouvrir des significations différentes. Ici, comportement intentionnel signifie une succession ordonnée d'actions ayant une finalité; intentionnel a ici le sens américain de *goal-oriented*.

punitions. On peut supposer que les mécanismes qui sous-tendent cette recherche sont innés. L'apprentissage permet de déterminer et de sélectionner les comportements qu'il faut reproduire à l'avenir ou au contraire, les comportements qu'il faut éviter, voire proscrire définitivement. Les récompenses sont souvent décrites comme des stimuli qui renforcent positivement la fréquence ou l'intensité d'un schéma comportemental, ce qui signifie que le comportement associé entraîne une satisfaction ou le ressenti d'une émotion positive/agréable.

■ Les circuits de récompense

Selon plusieurs chercheurs, une récompense permet de remplir trois fonctions distinctes :

- les récompenses induisent un apprentissage (renforcement positif),
- les récompenses suscitent un comportement d'approche et de consommation envers l'objet qui les délivre,
- les récompenses entraînent des sentiments positifs hédoniques.

On peut alors supposer qu'une des fonctions de l'émotion (du moins basique, à défaut d'être sociale) est de signaler la valence du stimulus et d'orienter l'apprentissage vers un renforcement positif ou négatif.

Walter et ses collègues distinguent plusieurs structures qui sous-tendent le circuit de récompense (voir annexe Localisation des aires corticales, Focus Chapitre 1 et Glossaire).

- le cortex orbitofrontal pour la valence de la récompense (positive ou non),
- le noyau amygdalien pour l'intensité de la récompense (forte ou faible),
- le striatum ventral pour la prédiction ou la saillance de la récompense (pour la valeur attendue de la récompense, avant qu'elle ne soit éventuellement acquise).

Certaines régions semblent avoir un rôle de modérateur sur le traitement de la valeur perçue de la récompense (par exemple, le noyau accumbens[1]). Dans un contexte d'issue certaine (les règles sont explicites ou prévisibles), l'activation du noyau accumbens croît lorsque le sujet

---

1. KNUTSON B. *et al.*, « Nucleus accumbens activation mediates the influence of reward cues on financial risk taking », *NeuroReport*, 19, 5, 26, 509-513 (2008).

attend ou espère des gains, tandis que son activation décroît lorsqu'il anticipe des pertes. En revanche, dans un contexte d'incertitude, un tel continuum n'existe pas[1].

Les circuits de répression (punition)

Les auteurs anglo-saxons parlent de circuits de *punishment*, qui n'a pas le sens parfois scolaire en français du mot « punition ». On pourrait donc évoquer le terme de répression (distinct de son acception freudienne), pour indiquer qu'un comportement inadapté (mettre la main sur une plaque électrique encore chaude, par exemple) conduit à un « châtiment » (une brûlure cutanée), se traduisant par l'arrêt immédiat de l'action (geste de retrait de la plaque), et accompagné d'un sentiment négatif de douleur. L'association du comportement et de l'affect négatif permet de renforcer des tendances à l'évitement (toujours vérifier si une plaque électrique est encore chaude). Une association dysfonctionnelle peut parfois rendre addictif un comportement pourtant néfaste.

Le circuit de punition (autorisant un renforcement négatif) a été identifié dans les années 1960 et dénommé le système périventriculaire, car il intègre des structures sous-corticales[2], dont les noyaux amygdaliens qui sont aussi impliqués (voir Focus Chapitre 10). L'hypophyse libère dans le sang une hormone, la corticotrophine (ACTH), qui agit sur les glandes surrénales (posées sur nos deux reins) en leur faisant produire (chacune dans deux zones distinctes) du cortisol (ou hormone du stress) et de l'adrénaline, hormone de réponse au stress. La substance grise périaqueducale, dans le tronc cérébral, prépare l'organisme à trois postures comportementales basiques, la fuite, l'immobilisation et le combat.

Les capacités de résilience

Selon les individus et leur système nerveux central, un stimulus devra être plus ou moins aversif pour conduire effectivement à une conduite d'évitement (cas de l'activation du circuit de punition). Chaque individu est en effet plus ou moins résilient à l'égard de stimuli aversifs, surtout

---

1. COOPER J. C. et KNUTSON B., « Valence and salience contribute to nucleus accumbens activation », *Neuroimage*, 39, 1, 538-547 (2008).
2. Le thalamus, l'hypothalamus, l'hypophyse et la substance grise périaqueducale.

s'ils sont répétés (voir les besoins d'affiliation). Une étude d'imagerie fonctionnelle a montré que les individus diffèrent dans leur capacité à résister durablement au stress et aux stimuli aversifs. Des individus, présélectionnés en fonction de leur niveau élevé ou faible de résilience (mesuré par le test *Ego-Resilience Questionnaire*), ont été soumis dans un scanner à des stimuli neutres ou aversifs (photos déplaisantes) en présence ou non d'indices de menace[1]. Il s'avère que l'aire insulaire antérieure des sujets résilients ne s'active pas lorsqu'ils savent qu'ils vont être exposés à ces stimuli aversifs, contrairement à celle des sujets peu résilients, qui réagissent même s'ils sont prévenus.

Activations insulaires et personnalités résilientes

Figure 2.2

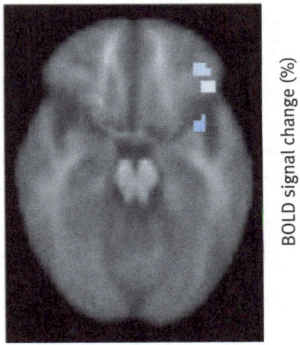
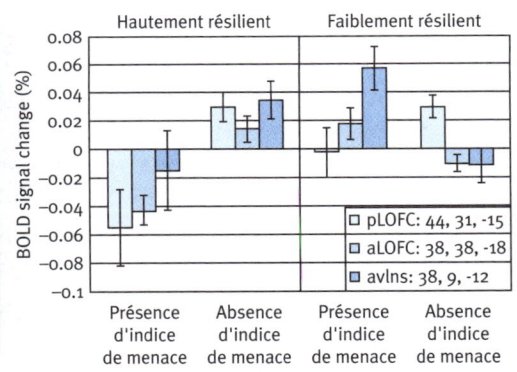

Une étude indique que les individus les plus résilients n'activent pas de la même façon leur insula, lorsqu'ils sont soumis à des stimuli menaçants.

Source : Waugh *et al.*, 2008

Donc, tout le monde n'est pas à égalité face aux circonstances aversives que l'on ne peut éviter ou contourner. Certains « rebondissent » mieux que d'autres, après avoir subi des événements stressants ou douloureux. Toutes proportions gardées, un consommateur pourra aborder plus ou moins aisément une infirmation d'attente (une bonne affaire qui se transforme en arnaque ; un serveur désagréable, un SAV défaillant) en fonction de la prédisposition réactive de son cortex insulaire...

---

1. WAUGH C. E. *et al.*, « The neural correlates of trait resilience when anticipating and recovering from threat », *Social Cognitive et Affective Neuroscience*, 3, 4, 322-332 (2008).

LES BESOINS ET DÉSIRS SOCIAUX DU CONSOMMATEUR

Les premiers manuels traitant du comportement du consommateur remontent aux années 1960, lorsqu'on parlait encore de psychologie industrielle. Une des premières revues scientifiques traitant explicitement du sujet des besoins du consommateur remonte au début des années 1960. Par la suite, dans la plupart d'entre eux, on a souvent cité la théorie de la hiérarchie des besoins.

La théorie de la hiérarchie des besoins d'Abraham Maslow[1] remonte désormais à plus de 65 ans et sert encore de cadre de référence dans certains manuels de psychologie ou de comportement du consommateur. Des auteurs ont critiqué cette approche hiérarchique, l'ont jugée obsolète car trop séquentielle et stéréotypée. L'existence d'une hiérarchie et l'identification de toutes les catégories annoncées n'avaient pas été démontrées selon eux. D'autres auteurs pensent au contraire que cette théorie pourrait être revisitée et enrichie avec les progrès accomplis en psychologie et en neurosciences. Nous verrons successivement les positions exprimées par les tenants de la théorie de la hiérarchie des besoins et ses détracteurs.

◾ La théorie de la hiérarchie des besoins selon Abraham Maslow

Maslow considérait qu'il existe différents types de motivations, dont certaines sont ressenties que lorsque d'autres ont déjà induit des comportements qui ont permis d'assouvir ou satisfaire des besoins (d'où le terme de hiérarchie des besoins, voir Figure 2.3). Par exemple, on ne peut éprouver une envie de lire ou de se cultiver que lorsqu'on dispose de ressources alimentaires stables et d'un lieu personnel sécurisé. Néanmoins, la satisfaction d'un besoin n'est pas acquise définitivement (elle est fluctuante) et la priorité peut varier selon les périodes et les contextes. On citera le cas d'une femme refusant de sauter de l'avion qui venait d'amerrir sur l'Hudson à New York, car elle ne voulait pas partir sans ses affaires. Ou encore le cas d'un parent qui revient dans sa maison en flammes pour tenter de sauver son enfant. Manifestement, dans ces cas

---

1. MASLOW, A. H., « A theory of human motivation », *Psychological Review*, 50, 370-396 (1943).

précis, un besoin de sécurité ou d'affiliation dépassait (de loin) un besoin physiologique de survie.

Il en est ainsi des croyances « erronées », du strict point de vue de la survie personnelle[1], se traduisant par des actes altruistes ou sacrificiels, mais qui ont un sens ou une finalité en termes de survie de l'espèce.

La pyramide des besoins de Maslow

Figure 2.3

Ainsi, Maslow distinguait en premier lieu les besoins fondamentaux (pour le maintien de la vie) qui peuvent entraîner la mort s'ils ne sont pas satisfaits dans un cadre temporel précis. Viennent ensuite les besoins de protection et de sécurité, puis les besoins d'amour et d'appartenance. Considérés comme des motivations plus « élevées » ou plus humaines, interviennent les besoins d'estime de soi et d'épanouissement (réalisation de soi). Nous les passerons plus loin en revue.

■ La théorie révisée de la hiérarchie des besoins

Dans un article récent, Kenrick et ses collègues[2], tout en reconnaissant la richesse de pensée introduite par la théorie de Maslow, proposent

---

1. Croyances erronées ou « mécroyances », selon des auteurs évolutionnistes : McKay R.T. et Dennett D.C., « The evolution of misbelief », *Behavioral and Brain Science*, 32, 493-561 (2009).
2. Kenrick D.T., V. Griskevicius, S.L. Neuberg, et M. Schaller, « Renovating the Pyramid of Needs : Contemporary Extensions Built Upon Ancient Foundations », *Perspectives on Psychological Science*, 5, 292-314 (2010).

une nouvelle hiérarchie qui conserve les catégories de besoins les plus fondamentales et avance de nouvelles catégories (voir Figure 2.4) telles que l'acquisition d'un partenaire et la conservation de ce partenaire, le parentage couronnant le tout.

Figure 2.4

Les niveaux hiérarchiques des besoins de Maslow dans une version actualisée

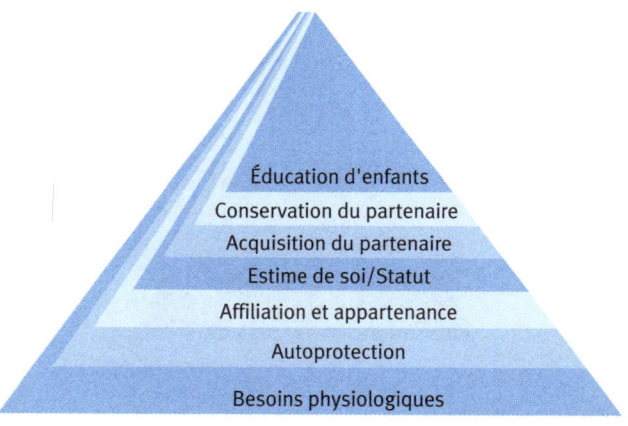

Source : Kenrick *et al.* (2010)

Ces auteurs distinguaient pour chacun des besoins passés en revue, leur fonction évolutive ultime, leur ordre d'apparition dans le développement humain et leur priorité cognitive lorsqu'ils sont déclenchés par des intrants proches. Selon eux, la dernière étape de Maslow (réalisation de soi) ne constitue pas un besoin fonctionnel, fondamental au sens de l'évolution. Des auteurs ont contesté cette position, en défendant l'existence de cette dernière catégorie de besoins, qui disparaît dans la version de Kenrick. D'autres auteurs[1] considèrent que l'homme a intégré des cognitions culturelles et que cette recherche de l'autoréalisation, fait partie des motivations façonnées par la culture humaine.

---

1. KESEBIR S., GRAHAM J. et OISHI S., « A Theory of Human Needs Should Be Human-Centered, Not Animal-Centered », *Perspectives on Psychological Science*, 5, 3, 315-319 (2010).

▸ Besoins basiques ou physiologiques

Il s'agit d'une certaine façon de gérer les besoins énergétiques de l'organisme. C'est d'autant plus important quand on sait que le cerveau (environ 2 à 3 % du poids de corps) représente près du quart des besoins énergétiques. Notre organe préféré est, en effet, gourmand en oxygène et en glucose.

De manière en partie circulaire, pour expliciter ou décrire des besoins, on cite généralement des motivations ou des sensations/sentiments ! Autrement dit, on parle de la faim, de la soif, du sommeil, de l'excitation sexuelle comme des besoins, alors que ce sont en fait des sensations/sentiments (des affects généralement négatifs dont nous avons conscience) qui suscitent des motivations (des *drives* disait-on dans les années 1950) à les réduire ou les éteindre. Une carence en (un besoin de) protéines, en hydrates de carbone (glucides) ou en lipides suscite la sensation de faim, induisant une motivation de quête de nourriture (ou de déplacement vers la cuisine et le placard). L'ingestion suffisante de nutriments réduit le déséquilibre et cette réduction est signalée par une sensation de satiété, mettant fin à la motivation.

De même, une insuffisance d'eau dans l'espace extra-cellulaire de notre corps suscite une sensation de soif, qui induit une motivation de quête d'eau (ou de boisson contenant de l'eau). L'absorption hydrique suffisante suscite l'étanchement, mettant fin à la motivation. Il est assez évident de dire que ces besoins passent avant tous les autres et que la poursuite de certains besoins affectifs ou cognitifs est conditionnée par la satisfaction préalable de cette première catégorie. Promouvoir des produits qui « renforcent les os », « réduisent le cholestérol » ou « régulent la flore intestinale » correspond clairement à la satisfaction de ces besoins.

▸ Besoins de sécurité (physique, familiale, professionnelle, patrimoniale)

Il s'agit ici des besoins personnels ou individuels. Ils commencent à émerger quand les précédents sont assurés. Lorsqu'il est question de sécurité, on pense soit à la protection de son intégrité physique dans des environnements où d'autres individus peuvent être imprévisibles et agressifs, soit à la notion de quiétude, dans laquelle on se trouve si ses « actifs » contemporains (ses proches, ses possessions, son patrimoine) ne sont pas menacés. Maslow inclut ces différentes notions dans la deuxième « strate » de sa hiérarchie.

Du point de vue neurologique, une claire dichotomie existe entre le soi (c'est-à-dire le sentiment d'agence : c'est moi qui fais tel geste ou qui pense à telle chose) et l'environnement, qui comprend à la fois des choses ou objets inanimés et d'autres êtres vivants (d'autres agents), possédant leur propre « libre arbitre » et poursuivant leurs propres buts. Les neurosciences ont permis d'approfondir les notions de « soi », les notions « d'autrui » (un autre être biologique) et de cerner les cognitions sociales qui « me » concernent et qui concernent les autres individus. Nous verrons dans la section suivante relative au besoin d'appartenance, que notre cerveau, de manière aisée et automatique, a tendance à classifier « les autres » individus en deux catégories distinctes : ceux de mon groupe et ceux qui n'en font pas partie.

▶ Le soi et le reste du monde

Les chercheurs en neurosciences cognitives sociales se sont rendu compte, qu'au-delà des distinctions anatomiques classiques (frontal/temporal, cortical/sous-cortical, néo/paléo etc.), des aires cérébrales s'activaient par défaut, particulièrement dans les conditions de repos (sans tâche particulière à accomplir), tandis que d'autres aires ne s'activaient que lorsqu'elles avaient à traiter des informations nouvelles en provenance de l'environnement. La dichotomie s'établit ici au niveau sagittal : les zones latérales, droites ou gauches, traitent davantage des informations en lien avec le « non-soi » (l'extérieur), tandis que les zones médiales, donc plutôt sur la partie centrale des deux hémisphères, traitent prioritairement ce qui réfère au « soi »[1].

---

1. Northoff G. *et al.*, « Self-referential processing in our brain – a meta-analysis of imaging studies on the self », *Neuroimage*, 31, 1, 440-457 (2006). Dans la Figure 2.5 de la page suivante, on trouve le cortex orbitofrontal (MOPFC ; aires 10 et 11 de Brodmann), le cortex cingulaire antérieur rostral (PACC ; 25, 25, 32), le cortex cingulaire antérieur caudal (SACC ; 24, 32), le cortex préfrontal dorsomédial (DMPFC ; 9), le cortex pariétal médial (MPC ; 7, 31), le cortex cingulaire postérieur PCC ; 23) et le cortex rétrosplénial (RSC ; 26, 29, 30).

BULLETIN D'ABONNEMENT

À remplir et retourner à Com & Com - Service Abonnements Éditialis - 20, av Édouard-Herriot
Bât. Copernic porte 6 - 92350 Le Plessis-Robinson - Tél. : 01 40 94 22 22
Web : **www.emarketing.fr/abonnement**

☐ **OUI,** je souhaite m'abonner 1 an au **PACK 100% MARKETING,**

☐ **1 AN** au prix de **98 €** seulement au lieu de ~~117,50€~~ *(prix normal de l'offre)*

☐ **2 ANS** au prix de **160€** seulement au lieu de ~~235€~~ *(prix normal de l'offre)*

Abonnement Dom-Tom et étranger : nous contacter.

Je joins mon règlement par :

☐ Chèque bancaire ou postal à l'ordre d'ÉDITIALIS.

☐ Carte bancaire n° :

Date d'expiration : ⃞⃞ / ⃞⃞

☐ Je souhaite recevoir une facture acquittée.
*Si vos coordonnées de facturation sont différentes
de celles de livraison ci-dessous, merci de nous le préciser.*

Signature :

10JEAD

☐ Mme ☐ Mlle ☐ M.

Nom : .... Prénom : ....

Fonction : ....

Société : ....

Secteur d'activité (code NAF/APE) : ....

Adresse : ....

Code Postal : ⃞⃞⃞⃞⃞ Ville : ....

Pays : ....

Tél. : ⃞⃞⃞⃞⃞⃞⃞⃞⃞⃞ Fax : ⃞⃞⃞⃞⃞⃞⃞⃞⃞⃞

E-mail (indispensable pour recevoir vos codes d'accès aux archives et vos newsletters)

Offre valable en France métropolitaine jusqu'au 31/12/10.

Conformément à l'article 27 de la loi du 6 janvier 1978, les informations qui vous sont demandées sont nécessaires pour que votre demande puisse être traitée par ÉDITIALIS. Vous pouvez à tout moment accéder à ces informations et en demander la rectification. Par notre intermédiaire, vous êtes susceptible de recevoir des informations ou des propositions d'autres sociétés ou organismes. Si vous ne le souhaitez pas, veuillez cocher la case ☐ Vos coordonnées seront alors réservées à l'usage exclusif d'ÉDITIALIS.

LE PACK 100 % MARKETING

■ LE MAGAZINE
Chaque mois,
des informations-clés
sur l'univers du marketing
d'aujourd'hui...
et de demain

■ LA NEWSLETTER HEBDOMADAIRE DE MARKETING MAGAZINE
Toute l'actualité on line
du marketing stratégique.

■ LE GUIDE DU DIRECTEUR MARKETING
Bible des prestataires
de votre univers.

■ L'ACCÈS ILLIMITÉ AU SITE
emarketing.fr
LE SITE DES PROFESSIONNELS DU MARKETING

Le site des professionnels
du marketing.

Illustration schématique des structures corticales médianes
(face interne de l'hémisphère droit)

Figure 2.5

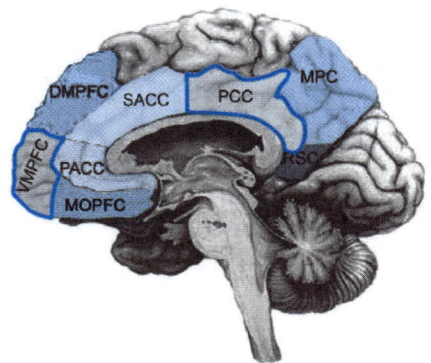

Source : Northoff *et al.*, 2006

Cela signifie que par défaut, notre cerveau se focalise d'abord et avant tout sur notre propre personne, à l'affût de signes ou informations relatifs à notre état corporel, physiologique, affectif et cognitif. Dès qu'il y a des signaux externes à traiter (un bruit, une voix, un mouvement), le système egocentré se désengage (l'activation s'y réduit) au profit du système « exocentré » qui recueille, trie et analyse tous les signaux de l'environnement.

Dès que notre cerveau enregistre des indices susceptibles de constituer une menace quelconque, les noyaux amygdaliens s'activent pour susciter ailleurs des préparations de réponses comportementales stéréotypées mais efficaces en termes de survie. Plus les indices se manifestent rapidement, plus le branchement en « pilote automatique » est prompt. Toute affaire cessante, votre système limbique prend les commandes et s'impose à votre conscience en captant toute votre attention. Si vous captez du coin de l'œil au sol d'une prairie un mouvement zigzaguant, vous aurez fait un pas de côté avant même de savoir consciemment pourquoi. Ces réactions sont donc aussi tributaires du contexte (*a priori*, pas de serpent en grande surface, donc pas de sursaut). William James avait raison il y a plus de 100 ans, quand il disait que ce n'est pas la peur qui fait prendre les jambes à son cou, mais que le fait de prendre ses jambes à son cou, contribue à faire naître l'émotion, puis le sentiment de peur (en tant qu'émotion consciente)…

Du point de vue économique, la perspective d'un risque financier, la probabilité d'une perte quelconque, l'éventualité d'une « entourloupe » sur des marchés boursiers, toutes ces circonstances activent nos noyaux amygdaliens pour la crainte ressentie, l'aire cingulaire antérieure pour apprécier le changement de perspective nécessaire et l'aire insulaire antérieure pour le dégoût (le rejet) éventuellement résultant. Tous les secteurs économiques et les marchés de l'assurance, de la réparation, de la protection des biens et des personnes visent manifestement la satisfaction de ces besoins de sécurité.

▸ Besoins d'affiliation (d'amour) et d'appartenance

On connaît les effets délétères de la privation affective sur le développement cognitif d'un enfant. L'être humain a un besoin (presque « vital », pourtant pas classifié dans le premier groupe de Maslow) inné et irremplaçable d'affection et d'amour. Des enfants carencés – et ne disposant pas de capacités de résilience suffisantes – présenteront de sévères déficits développementaux. Ce besoin ne disparaît pas à l'adolescence ou à l'âge adulte : il perdure tout au long de la vie. Quelle que soit son origine, on éprouve le besoin « d'appartenir » à un groupe, un clan, un parti, une tribu, une obédience, qui constituent autant de cibles marketing. Cela suppose d'être accepté et intégré dans un groupe, (souvent) mutuellement exclusif des autres. L'appartenance apporte souvent une quiétude ou un réconfort et permet de se représenter en tant qu'être social.

Un groupe auquel on appartient partage des croyances ou des valeurs (religions, opinions politiques, goûts musicaux etc.) qui se distinguent de celles d'autres groupe. Être rejeté par un groupe – surtout si on considère ce groupe comme le sien – peut susciter des troubles, d'authentiques souffrances, comme peuvent le prouver les activations de zones corticales qui d'ordinaire s'animent en présence d'une douleur physique. Ainsi, Krill et Platek[1] ont cherché à déterminer quelles étaient les réponses cérébrales consécutives à la situation d'exclusion d'un groupe. Ils ont habilement conçu un protocole dans lequel les sujets testés (de type européen) jouent au *Cyberball* (jeu électronique dans lequel trois joueurs se lancent la balle entre eux) dans le scanner. Les deux partenaires de jeu, que notre sujet croit réels

---

1. KRILL A. et PLATEK S.M., « In-group and out-group membership mediates anterior cingulate activation to social exclusion », *Frontiers in Evolutionary Neuroscience*, 1, 4, 1-7 (2009).

(dans une autre salle), sont des avatars pilotés par le programme. Le sujet voit durant le jeu les photos de ses deux partenaires. Selon les conditions, les visages peuvent prendre trois physionomies distinctes : une ressemblant beaucoup à celle du joueur (sa propre photo a été modifiée de manière indétectable), une de type européen, une autre de type afro-américain. Le programme est conçu pour que progressivement, le sujet soit exclu du jeu (on ne lui passe plus la balle). Il s'avère que l'aire cingulaire antérieure dorsale du sujet (le « système d'alarme » cérébral ; voir Focus Chapitre 5) s'active intensément lorsque ses « sosies » ou les Européens l'excluent, et très peu lorsque les Afro-américains l'excluent. Autrement dit, on ressent beaucoup plus le sentiment d'exclusion lorsqu'elle est pratiquée par son propre groupe.

■ Croyances et attitudes entre l'*in-group* (le nôtre) et les *out-groups* (les autres)

Des personnes affectivement proches peuvent susciter des représentations mentales assez similaires aux représentations mêmes du « soi ». Ainsi, pour beaucoup d'entre nous, notre mère occupe ou a occupé une place particulière dans notre univers affectif (ne dit-on pas que « même un monstre aime sa mère ») et intuitivement, on perçoit le concept de mère comme distinct mais proche du concept de soi. Cette intuition a été corroborée par une étude d'imagerie qui montre que les représentations mentales, ayant pour substrat des patterns d'activation cérébrale, du soi et de sa mère sont très proches[1].

À l'inverse, des groupes qui apparaissent très éloignés du sien seront moins bien considérés, voire pas considérés du tout. Harris et Fiske[2] en ont fait la démonstration dans leur étude d'IRMf qui a consisté à montrer passivement aux sujets des visages d'individus, diversement classifiés.

Par ailleurs, les auteurs ont montré qu'on pouvait jauger un groupe social selon deux dimensions : la sympathie qu'il génère (*warmth*) et sa compétence supposée, les deux pouvant être fortes ou faibles. Autrement dit, quatre sous-groupes pouvaient être identifiés : les « sympas compé-

---

1. VANDERWAL T. *et al.*, « Self, Mother and Abstract Other : an fMRI study of reflective social processing », *Neuroimage*, 41, 4, 1437-1446 (2008).
2. HARRIS L.T. et FISKE S.T., « Social groups that elicit disgust are differentially processed in mPFC Social », *Cognitive et Affective Neuroscience*, 2, 1, 45-51 (2007).

tents » (forte-forte) auquel on se sent généralement appartenir, les « sympas incompétents » (forte-faible), les « pas sympas compétents » (faible-forte) et les « pas sympas incompétents » (faible-faible). Dans l'étude, chacun de ces groupes engendrait respectivement les sentiments de fierté, de pitié, d'envie et de dégoût. Les conditions expérimentales respectives, choisies par les auteurs, présentaient des photos de personnes familières ou admirées (*firefighters, astronauts and athletes*), de personnes défavorisées (*disabled people and elderly people*), des personnes favorisées (*business people, rich people*) et des marginaux (*homeless people and drug addicts*).

Harris et Fiske ont donc montré des visages (préalablement classifiés dans l'une de ces 4 catégories par d'autres évaluateurs) à nos sujets, ainsi que des objets pouvant susciter les mêmes émotions que celles évoquées *supra*. Les analyses des activations cérébrales ont montré que le cortex préfrontal médian (généralement impliqué dans la cognition sociale) s'activait pour tous les groupes (voir la Figure 2.6, où le cortex préfrontal médian est activé dans 3 conditions : fierté, envie et pitié), sauf pour le quatrième (faible-faible), qui par contre activait systématiquement l'insula droite et les amygdales, témoignant d'un sentiment de dégoût/rejet. Aucun des objets évalués n'activait le cortex préfrontal médian. Les auteurs concluaient que les *out-groups* extrêmes n'étaient pas perçus (inconsciemment par le cerveau) de la même façon que les autres groupes et que d'une certaine façon, ils étaient « déshumanisés », car les sujets n'éprouvaient pas d'empathie pour eux[1].

Figure 2.6

Aires activées pour les visages appartenant à trois groupes sociaux distincts

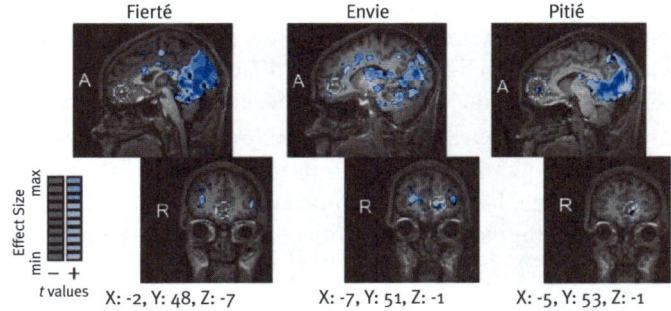

Source : Harris et Fiske, 2006

1. HARRIS L. T. et FISKE S.T., « Dehumanizing the Lowest of the Low – Neuroimaging Responses to Extreme Out-Groups », *Psychological Science*, 17, 10, 847-853 (2006).

On peut imaginer que des campagnes publiques de solidarité à l'égard de marginaux ou de sans domicile fixe, ne devraient pas uniquement reposer sur une tonalité émotionnelle, si une partie des donateurs potentiels n'éprouve pas cette empathie nécessaire à l'altruisme.

Deux groupes imaginaires : Tigres contre Léopards   **En pratique**

Pour se consoler de ces constats quelque peu affligeants, on peut apprendre également que le fait de partager des valeurs avec son groupe (le *in-group*), même très récent et mixte, induit également des biais (positifs) de jugement et de perception. Van Bavel et ses collègues ont placé leurs sujets (22 personnes euro-américaines) de manière arbitraire dans l'un des deux groupes possibles, les Tigres et les Léopards.

Chaque groupe était composé de 12 personnes, toujours moitié euro-américain et moitié afro-américain. Selon l'affectation du sujet, sa photo était jointe aux photos des autres membres du groupe mixte. On demandait alors aux sujets de passer en revue les membres des deux groupes et de bien mémoriser les membres de son groupe. Différentes tâches se succédaient ensuite (dire l'appartenance, donner un indice de confiance pour chacun des visages). Les résultats révèlent que le gyrus fusiforme[1] et le système de récompense étaient préférentiellement activés lorsque le sujet voyait le visage de l'un des « siens ». En outre, l'activation du cortex orbitofrontal était corrélée au biais de préférence accordé à chacun des membres de « son » groupe, indépendamment de sa couleur.

Autrement dit, se projeter ou se représenter dans un groupe, active rapidement des systèmes d'évaluation positive, qui biaisent la perception de ses membres. Un adolescent de tendance « gothique », par exemple, qui s'estimera proche d'un chanteur « indus » exprimera un biais implicite de préférence pour tout produit ou concept promu par ce dernier. Pour vendre des bottes Demonia, mieux vaut utiliser Marilyn Manson que Frank Sinatra…

Référence : VAN BAVEL J. J., PACKER D. J. et CUNNINGHAM W. A., « The Neural Substrates of In-Group Bias », *Psychological Science*, 19, 11, 1131-1139 (2008).

▶ Besoins d'estime de soi et de statut

Cette catégorie de besoins inclut la mise en pratique de talents personnels, de mise en avant de points forts, d'habiletés ou de qualités dont on est fier. Ces talents s'ils sont reconnus ou appréciés – principalement par son

---

1. Cette zone, située dans la partie ventrale du lobe temporal, est spécialisée dans la détection et la catégorisation des visages, des couleurs et d'autres items, dont on est un « expert ».

groupe de référence – permettent le renforcement de l'estime de soi et la réaffirmation de son statut.

Le rôle des hormones s'inscrit dans un contexte de psychologie évolutionniste. Cela signifie que nos modes de pensée et nos comportements – bien que façonnés par l'éducation et la culture – sont le fruit d'une évolution de plusieurs millions d'années. Et ce ne sont pas quelques milliers d'années de civilisation qui ont pu encore modifier les grandes propensions humaines. Une étude de Saad et Vongas[1] montre que notre espèce a conservé – bien que notre biotope ait évolué de la savane aux grandes cités urbaines – certains schémas comportementaux et prédispositions. Les chercheurs ont soumis des hommes jeunes à deux types de stimuli dans deux types d'environnement. Les présupposés évolutionnistes sont que les mâles sécrètent davantage de testostérone dans des contextes de dominance sociale et/ou en présence de personnes du sexe opposé (la plupart du temps). Des études ont montré, par exemple, que les supporters d'une équipe de football qui perd voient leur niveau de testostérone chuter, contrairement à celui des supporters de l'équipe vainqueure, dont le taux de testostérone augmente (sachant que les niveaux étaient comparables avant le match).

Figure 2.7   Conduire une voiture de sport entraîne un taux élevé de testostérone

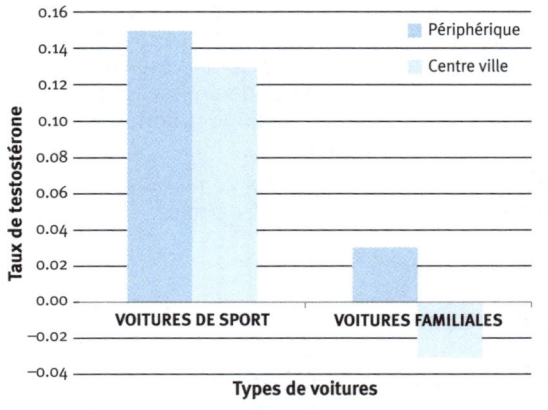

Source : Saad et Vongas, 2009

---

1. SAAD, G. et VONGAS J.G., « The effect of conspicuous consumption on men's testosterone levels », *Organizational Behavior and Human Decision Processes*, 110, 2, 80-92 (2009).

Pour revenir à l'étude de Saad et Vongas, 39 hommes devaient séparément accomplir une épreuve de conduite automobile durant une demi-heure, soit dans une Porsche 911 Carrera 4S rutilante, soit dans un vieux break Toyota Camry décrépit de 300 000 km et ce, sur deux circuits distincts : sur une rocade périphérique peu fréquentée ou bien en centre-ville, en présence de nombreux passants. À six reprises au cours de chaque séance de conduite, des prélèvements salivaires furent pratiqués pour déterminer le taux de testostérone. À l'issue du test, il s'avéra que la conduite du vieux break avait entraîné de façon assez nette une baisse significative du taux de testostérone des conducteurs (voir la Figure 2.7). Sans en être forcément conscients, les sujets avaient honte d'être vus avec un symbole social peu valorisant et ce faible pouvoir de séduction impactait leur niveau de testostérone... Ainsi, pour vanter des produits peu « mâles » voire « castrateurs », mieux vaut passer à l'humour au second degré, plutôt que de promouvoir un sujet en situation réelle ou littérale[1].

▶ Besoins d'épanouissement et de réalisation de soi

Cette dernière catégorie de besoin correspond pour Maslow à la finalité de l'existence ou au but que l'on se fixe éventuellement dans la vie. Pour illustrer cette dernière catégorie de besoins, Maslow écrivait dans son article de 1943 : « Même si tous ces besoins [précédents] ont été satisfaits, on peut s'attendre parfois (sinon toujours) à ce qu'un nouvel inconfort ou mécontentement ne se manifeste bientôt, à moins que l'individu ne fasse ce pour quoi il est doué. Un musicien doit faire de la musique, un artiste doit peindre, un poète doit écrire, s'il veut être heureux en définitive. Ce qu'un homme peut être, il doit l'être. Ce besoin est ce qu'on pourrait appeler la « réalisation de soi » ». Ce qu'il écrit également, c'est que rares sont les personnes parvenant à ce niveau (sont cités à titre d'exemples : Albert Einstein, William James, Abraham Lincoln, ou Albert Schweitzer).

Quels seraient les corrélats neuronaux ou du moins les structures cérébrales associées aux états compatibles avec la satisfaction de ces besoins ? On pourrait supposer que satisfaire ces besoins élevés suscite un bien-être ou une sérénité durable chez l'individu. Les seules approches neuroscientifiques de ce thème ont été l'étude fonctionnelle des extases mystiques, des méditations zen ou des concentrations profondes que

---

1. Retrouvez sur www.dunod.com un développement complémentaire sur les hormones et leurs effets.

l'on retrouve chez les religieux ou les contemplatifs. Des moines bouddhistes ou des nonnes carmélites, par exemple[1], ont été scannés lors de leur « communion avec le divin ». Les aires du bien-être sont activées (orbitofrontal) tandis que la localisation spatiale du corps (temporopariétal droit) et la perception d'autrui (temporal) sont désactivées. Cela pourrait être interprété comme « se fondre » dans l'amour universel avec félicité. L'impression d'être très éveillé en cours de méditation est associée à une suractivation du lobe préfrontal et un désengagement des noyaux amygdaliens, pouvant se traduire par une maîtrise de la régulation émotionnelle, qui permet une réduction des émotions négatives. Une méditation zen est « un état mental d'une conscience totale avec un contenu conceptuel réduit » selon Pagnoni, Cekic et Guo[2]. L'imagerie de tels états montre que l'on assiste à un traitement beaucoup plus bref des stimuli conceptuels, ce qui indiquerait une plus grande capacité à contrôler la dérive des pensées, qui d'ordinaire associe des mots et des idées venant librement à l'esprit[3].

À RETENIR

▸ L'ensemble des besoins ressentis par un consommateur est l'expression de motivations communes à l'ensemble des êtres humains, produits d'une longue évolution de notre espèce. De ce point de vue, une marque peut être globale ou mondiale car elle pourra affirmer la satisfaction d'un type de besoin, universel chez tous les peuples de la Terre.

▸ Certains besoins sont prioritaires par rapport à d'autres car ils conditionnent la survie même de l'individu (besoins physiologiques et affectifs). Chaque offre marketing du marché peut donc tenter de se définir comme une source de satisfaction d'un besoin particulier. Par exemple, un yaourt à boire à destination des préadolescents ne propose (seulement) pas d'étancher une soif ou de fournir des sels nutritifs, mais plutôt un moyen d'affirmer une appartenance à un groupe, de se donner une contenance quand « on a la pression ». ▸

---

1. BEAUREGARD M. et PAQUETTE V., « Neural correlates of a mystical experience in Carmelite nuns », *Neuroscience Letters*, 405, 186-190 (2006).
2. PAGNONI G., CEKIC M. et GUO Y., « Thinking about Not-Thinking : Neural Correlates of Conceptual Processing during Zen Meditation », *PLoS ONE*, 3, 9 (2008).
3. Retrouvez sur www.dunod.com un développement complémentaire sur les émotions signal du besoin ressenti.

▶ ► Malgré certaines limitations conceptuelles, la théorie de la hiérarchie des besoins de Maslow permet de faciliter le travail du marketeur, en lui permettant de bien identifier la promesse essentielle (contenue dans le positionnement) que doit afficher, même implicitement, son offre. Elle sera alors utilitaire (besoins basiques) ou expérientielle (besoins plus élevés).

► Certains de ces besoins sont automatiques et inconscients, d'autres sont d'essence cognitive mais inconscients enfin d'autres encore, parviennent brusquement à notre conscience par le truchement de l'émotion, devenant alors des sentiments. En termes publicitaires, les notoriétés *top of mind* ou les scores de rappel prouvés ne doivent pas être les seuls critères de performance d'une communication (cf. Chapitre 10). Des éléments non perçus consciemment pourront puissamment susciter des besoins ou désirs ultérieurs.

► Nos besoins, bien que prioritairement personnels et donc egocentrés, sont aussi sociaux et une carence dans ce domaine peut engendrer le même type de désarroi ou de douleur qu'une privation physique. Toutes les campagnes publicitaires de boissons à destination de consommateurs masculins, font appel à l'amitié, le partage, la convivialité, la promiscuité, pour susciter des sentiments de « cordialité », de chaleur humaine, qu'elles espèrent voir associés à la marque promue.

► Ces besoins sociaux s'appuient sur des capacités à éprouver ce que ressent l'autre (empathie). Ces capacités et les attitudes qu'elles entraînent sont cependant modulées par la perception de proximité sociale : on croit davantage et on juge plus favorablement quelqu'un de son propre groupe social. Cela signifie que si l'on cherche à persuader des individus grâce à une caution quelconque (artiste, sportif, leader d'opinion), on doit s'assurer que cette dernière est réellement perçue comme partie intégrante de la cible visée. Dans la négative, l'attitude globale résultante risque d'en pâtir.

5 RÉFÉRENCES POUR ALLER PLUS LOIN

- BARGH J.A., GOLLWITZER P.M., et OETTINGEN G., « Motivation » in S. FISKE, D.G. et G. LINDZEY (eds.), *Handbook of social psychology* (5th ed.), Wiley, 268-316 (2010).
- BERRIDGE K.C., « Motivation Concepts in Behavioral Neuroscience », *Physiology and Behavior*, 81, 179-209 (2004).
- DELGADO M.R., STENGE V.A. et FIEZ J.A., « Motivation-dependent Responses in the Human Caudate Nucleus », *Cerebral Cortex*, 14, 1022-1030 (2004).
- WAGER T.D. et BARRETT L.F., « From affect to Control : Functional Specialization of the insula in motivation and regulation, » *PsycExtra* : http://www.columbia.edu/cu/psychology/tor/ (2004).
- WALTER H., ABLER B., CIARAMIDARO A. et ERK S., « Motivating Forces of Human Actions – Neuroimaging Reward and Social Interaction », *Brain Research Bulletin*, 67, 368-381 (2005).

Chapitre 3

COMPORTEMENT ET COGNITIONS DES AGENTS ÉCONOMIQUES

Ce chapitre s'efforcera de montrer que l'essentiel des concepts convoqués en recherche en comportement du consommateur (RCC) ou en marketing, peuvent être approfondis ou amendés grâce à la neuroscience du consommateur (NSC) car ces disciplines s'inspirent explicitement de la psychologie cognitive et de ses descendants. Il s'agit ici de montrer que les comportements et les cognitions (pensées, réflexions, intuitions) du consommateur, du vendeur, ou de l'acheteur, reposent sur des fonctionnements cérébraux que les chercheurs commencent à entrevoir et à comprendre. Les fonctionnements évoqués ci-dessus constituent de fait des réponses à des phénomènes endogènes (ayant leur source chez l'individu qui les suscite) et/ou à des phénomènes exogènes (toute l'influence environnementale). Ainsi, aborderons-nous successivement – en nous inspirant des manuels classiques – l'univers mental de l'individu, les influences environnementales et enfin les typologies de comportement.

Mots-clés

- Affordance
- Attitude
- Caractères (traits)
- Cognition sociale
- Heuristiques
- Neurones-miroirs
- Numérosité
- Perception
- Représentation

FOCUS SUR LE CORTEX PRÉFRONTAL DORSOLATÉRAL (BA 9) ET VENTROLATÉRAL (BA 46)

Le cortex préfrontal (incluant les parties dorsolatérale, ventromédiane et orbitofrontale) est la région du lobe frontal située en avant des aires motrices (derrière le front). Le cortex préfrontal dorsolatéral (dlPFC) intervient dans la planification des comportements cognitifs complexes, nécessitant à la fois des ressources attentionnelles et une mémoire de travail (dans sa partie inférieure). Le profil d'activité dans cette zone est aussi lié au type de personnalité de l'individu, qui induit ou non des comportements sociaux adaptés (voir l'exemple du pauvre Phineas Gage dans le Chapitre 7). Cette zone est souvent impliquée dans des phénomènes d'inhibition, c'est-à-dire de régulation (attentionnelle, émotionnelle ou comportementale). Son dysfonctionnement provoque des comportements « irréfléchis », des persévérations (penser ou faire toujours la même chose) ou des compulsions (syndrome de dépendance à l'environnement, par exemple). Une lésion peut conduire à des comportements inappropriés, tels que la kleptomanie ou l'accumulation compulsive d'objets[1].

Figure 3.1

PFC dorsolatéral (gauche) et PFC ventrolatéral (droite).

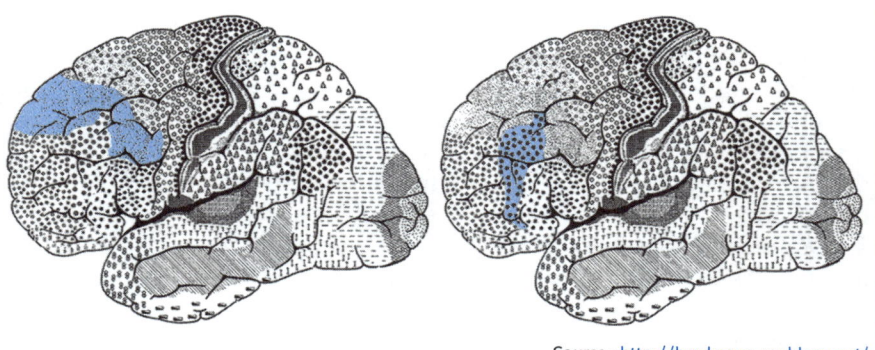

Source : http://brodmann.psyblogs.net/

L'UNIVERS MENTAL DE L'INDIVIDU

Nous passerons ici en revue les divers facteurs, générés en interne chez le consommateur, qui sont susceptibles d'influencer ses cognitions et en dernier ressort, ses comportements. Nous rappellerons qu'un individu doit fondamentalement percevoir et traiter de l'information, la transformer en représentation utilisable et exploitable cognitivement dans le cerveau, pour assurer un comportement adaptatif et cohérent face à l'environnement. Nous montrerons ensuite que pour pouvoir développer une expérience personnelle (une histoire de ses moments successifs), il faut

---

1. Retrouvez sur www.dunod.com un développement complémentaire sur les comportements compulsifs.

pouvoir exploiter les représentations à bon escient et recourir à celles qui sont utiles au bon moment. Cela suppose naturellement un apprentissage permanent. Enfin, nous indiquerons que la manière de traiter l'information et les représentations pour un individu, sa façon de voir le monde en quelque sorte, dépend certes des circonstances et du contexte (que l'on décrira dans une deuxième section) mais aussi de son tempérament, de son caractère, de ses traits de personnalité. Certains profils types de personnalité semblent correspondre à des configurations et des fonctionnements cérébraux bien spécifiques.

◣ Le traitement de l'information

Tous les êtres vivants de notre planète ont besoin d'interagir habilement (c'est-à-dire. efficacement) avec leur environnement pour lui arracher quelques cycles supplémentaires de vie. Pour ce faire, il leur faut naturellement percevoir la présence et la dangerosité potentielle d'éléments matériels, extérieurs à leur organisme, qu'ils soient grossiers ou subtils. Les organes réceptifs des animaux – sans même évoquer ceux des plantes – sont tellement diversifiés qu'ils démontrent à eux seuls l'immense éventail des adaptations écologiques.

Ces organes peuvent percevoir, selon les espèces, de nombreuses gammes d'ondes électromagnétiques, de l'infrarouge à l'ultraviolet en passant par les couleurs visibles, des fréquences sonores très variables (infra- et ultrasons), des champs magnétiques, des pressions, etc. Pour ce qui est du sens de la vision, par exemple, le consommateur-type disposera d'un système visuel trichromatique (trois types de cônes dans la rétine) qui lui permettra de voir le monde en couleur. Notons toutefois que certaines pathologies ou déficiences empêchent certaines personnes de jouir de toutes ces facultés. Les daltoniens (8 % des hommes et environ 0,45 % des femmes) ne peuvent voir les objets en couleur[1].

La première source d'information de l'individu est donc son système sensoriel qui lui permet d'appréhender les évolutions de l'environnement. Plus qu'un mécanisme automatique limité qui apporte les mêmes réponses stéréotypées, la mémorisation d'événements et des sensations qui leur sont associées permet de développer un répertoire plus large de

---

1. Retrouvez sur www.dunod.com un développement complémentaire sur la vision partielle des couleurs.

comportements adaptatifs, susceptible d'être utilisé en réponse à un stimulus ou par anticipation et simulation. Au-delà de ces généralités, nous allons aborder quelques points essentiels pour appréhender le comportement et les cognitions d'un consommateur.

▶ Perceptions et représentations

Le système sensoriel de l'être humain est essentiellement visuel, bien que les indices auditifs, olfactifs/gustatifs, tactiles et proprioceptifs/somesthésiques[1] contribuent à la représentation du réel. Plus d'une trentaine d'aires cérébrales (le tiers du cortex) sont dédiées à la vision. Percevoir un objet consiste à la fois à définir son emplacement et sa mobilité éventuelle, mais aussi à l'identifier. Deux circuits cérébraux distincts, parfois dissociables, participent à ces grandes fonctions.

Pour un consommateur ordinaire, tous ces sens sont unis de manière *a priori* instantanée et fusionnelle. L'étalage de pommes rouges dans le rayon « fruits et légumes » représente un seul percept et non pas distinctement (sauf pathologie) des objets ronds, émettant une grande longueur d'onde, d'une rugosité faible, immobiles et occupant chacun un volume sphérique de la taille du poing. À l'échelle des modules spécialisés de l'aire visuelle, c'est pourtant ce qu'il se passe en quelques dizaines ou centaines de millisecondes, de façon parallèle et parfois décalée (le mouvement n'est pas traité dans le même temps que la luminosité ou la stéréoscopie).

Figure 3.2

Numérosité des pommes

---

1. Toutes les informations en provenance de notre corps, en particulier des viscères, tendons, articulations, muscles, capteurs cutanés, système vestibulaire, etc. L'intégration de ces informations permet de nous représenter mentalement dans un espace tridimensionnel ; c'est le vrai sixième sens.

Au-delà du simple panorama visuel (spatial et chromatique), s'effectuent également des traitements sensoriels qui aboutissent à des percepts souvent implicites mais disponibles pour la mémoire de travail. Ainsi, le percept de numérosité (cardinalité et ordinalité) semble être inné chez l'homme dès le plus jeune âge, ainsi que chez certains primates[1]. La numérosité désigne la perception du nombre, de la quantité. La cardinalité désigne la valeur du nombre absolu d'objets que l'on capte dans son champ visuel et des neurones spécifiques codent cette quantité numérique. L'ordinalité désigne la discrimination numérique (plus ou moins d'unités) que l'on fait entre deux groupes d'objets. Ainsi, sans qu'il soit nécessaire de « compter » sciemment, on « sait » intuitivement qu'il y a plus de pommes bleues (à droite) que de pommes grises (à gauche) dans la Figure 3.2.

▸ La ligne imaginaire des nombres

Les études récentes semblent indiquer qu'il y a dans le cerveau un lien entre la perception du nombre et la représentation de l'espace tridimensionnel. Les premiers nombres entiers sont « proches » de notre « soi » perçu et les grands nombres en sont éloignés selon une progression logarithmique. « L'ensemble des nombres forme comme une ligne numérique ; cette métaphore est littéralement inscrite dans notre cerveau[2] ».

Ce qui est également intéressant de souligner dans ces travaux, en rapport avec notre propos, c'est qu'il existe deux systèmes distincts pour le calcul : l'un pour des calculs approximatifs (telle quantité est supérieure ou non à telle autre) et l'autre pour les calculs exacts (827 − 17 + 30). Si le premier système est probablement universel chez l'être humain et présent dès le plus jeune âge, en revanche, le second repose aussi sur des connaissances sémantiques qui participent à la résolution du calcul (c'est l'apprentissage des « tables de multiplication » apprises par cœur). C'est sur la distinction entre ces deux systèmes que repose l'effet des « prix psychologiques » : dans le commerce de détail, des terminaisons en 99, ou très précises (12,34 €), renforcent la perception d'être en dessous d'un seuil car la mantisse est négligée par rapport à la partie entière.

---

1. DEHAENE S., « Origins of Mathematical Intuitions – The Case of Arithmetic », *The Year in Cognitive Neuroscience, Annals of the New York Academy of Science*, 1156, 232-259 (2009).
2. Cours de Stanislas Dehaene au Collège de France, « Synesthésie numérique et représentation spatiale des nombres », le 1er avril 2008 (college-de-france.fr).

Bien que plus proche en réalité de 15,20 €, la somme de 14,99 € semble plus proche de 14,50 €, car l'évaluation approximative portera surtout sur la partie entière du prix. La Figure 3.3 indique les zones préférentiellement activées par le calcul.

Ces facultés arithmétiques sont mobilisées en permanence chez le consommateur qui parcourt les rayons d'une grande surface et balaye du regard tous les prix au litre ou au kilo pour s'assurer de la cherté ou non d'une offre. Ces aspects seront exploités et développés dans le Chapitre 9, consacré à la perception des prix dans le magasin.

Figure 3.3

Les fonctions cérébrales dans le cortex pariétal

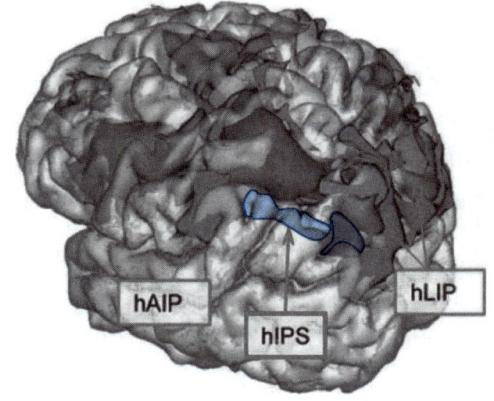

Le calcul mental active préférentiellement le segment horizontal du sillon intrapariétal (nommé hIPS sur le schéma, AIP désignant *l'anterior intraparietal area* et LIP *le lateral intraparietal*). Dans ce sillon, deux zones contiguës sont spécialisées soit dans le calcul seul (*calculation only*) soit dans le calcul recourant au langage (*calculation and language*).

Source : Dehaene, 2009

▶ Qu'est-ce qu'une représentation mentale ?

La « représentation mentale » a fait l'objet de nombreuses définitions, mais l'une d'elle est assez claire et concise : « une représentation est un état physique (comme un onglet sur une page, des champs magnétiques dans un ordinateur, ou des connexions neuronales dans un cerveau) qui contient de l'information relative à un objet, un événement ou un concept »[1]. Ses propriétés sont la non-intentionnalité (une représentation se forme sans volonté consciente) et le niveau de complexité (la représentation doit contenir de l'information, aussi minime soit elle).

Une représentation d'un objet inclut à la fois ses caractéristiques visuelles (et sensorielles associées) et son identité. Cette identité (codée dans le lobe temporal gauche) n'est pas seulement une simple étiquette, un nom, mais aussi une potentialité d'action, un « mode d'emploi » implicite. Cette propriété de l'objet est appelée parfois « affordance », terme forgé par le psychologue Gibson[2], qui la définissait de la manière suivante : « les affordances de l'environnement sont ce qu'il offre à l'animal, ce qu'il lui fournit ou procure, pour le meilleur ou pour le pire. Le verbe "se permettre" (*to afford*) existe mais pas le nom d'affordance que j'ai fabriqué. Je veux dire par lui quelque chose qui se réfère à l'environnement et à l'animal, d'une façon qu'aucun terme existant n'exprime. Il implique la complémentarité de l'animal et de l'environnement ».

Notion d'affordance avancée par J.J. Gibson

Figure 3.4

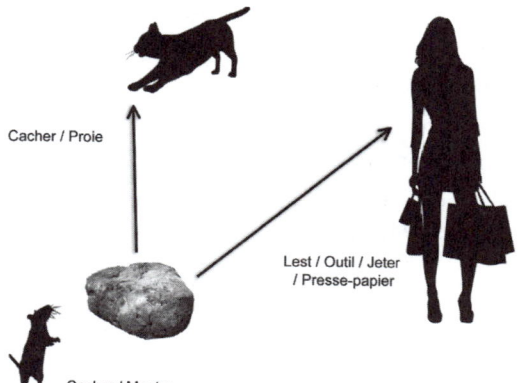

Cacher / Proie

Lest / Outil / Jeter
/ Presse-papier

Cacher / Monter

Source : D'après Gibson

1. BARSALOU L.W., « Representation and knowledge in long-term Memory », in Smith E. E. et S. M. Kosslyn (eds.), *Cognitive Psychology, Mind et Brain*, Pearson-Prentice Hall, 147-191 (2008).
2. GIBSON, J. J., *The Ecological Approach to Visual Perception*, Houghton Mifflin (1979) (p. 127).

La figure ci-dessus (Figure 3.4) illustre le fait qu'un même objet peut receler plusieurs affordances selon l'observateur et sa nature. Prenons le cas d'une simple pierre sur le sol. Pour une souris, cette pierre est une cachette ou un perchoir potentiel ; pour un chat, cette pierre peut dissimuler une proie ; pour un être humain, la pierre peut être un instrument contondant, un marteau improvisé, un presse-papiers ou un lest. Autrement dit, pour chacune des espèces, un répertoire plus ou moins étendu d'actions possibles (compte tenu de la morphologie) est associé à un objet donné.

Ce qui est frappant, c'est que la théorie de l'affordance proposée par Gibson (1979) trouve aujourd'hui un écho particulier au sein de la *théorie des neurones-miroirs et canoniques*, évoquées en début d'ouvrage et développée dans le chapitre consacré à la politique de communication de l'entreprise (voir Chapitre 10)[1]. Rappelons que les neurones-miroirs correspondent à une classe particulière de neurones situés dans le cortex frontal prémoteur et le cortex pariétal antérieur.

Ces neurones ont ceci de particulier qu'ils s'activent lorsqu'on fait un geste, lorsqu'on imagine le faire ou encore lorsqu'on le voit s'accomplir chez autrui. Il en est de même pour des stimuli auditifs, qui mobilisent également (lorsque le son est identifié) des schèmes prémoteurs[2] correspondant au geste qui suscite le bruit ou le son entendu.

Cas cliniques

Neurones-miroirs en liberté : les acteurs de la persuasion ?

Tout aussi éclairant est le fait que lorsque des zones exécutives du cerveau (cortex frontal ou préfrontal latéral) sont défaillantes, et ne peuvent dès lors inhiber l'activation automatique de certaines de ces zones « miroirs », des pathologies bien particulières apparaissent tel le syndrome de dépendance à l'environnement (au contexte), affection qui peut en recouvrir d'autres tels que le syndrome de Zelig ou encore le syndrome de l'hyperphasie forcée. Le syndrome de dépendance à l'environnement (ou comportement d'utilisation, défini par Lhermitte en 1981) consiste à utiliser systématiquement et contre sa volonté, tout objet perçu : on voit un peigne, on s'en empare et on se peigne ; on voit un marteau, on le saisit et on enfonce un clou imaginaire[3]. ▶

1. Sur les neurones-miroirs, voir IACOBONI et DAPRETTO (2006) ; RIZZOLATTI et CRAIGHERO (2004) ; LIEBERMAN (2007) ; MORIN et GREZES (2008) ; RIZZOLATTI et SINIGAGLIA (2008).
2. LAHAV A., SALTZMAN E. et SCHLAUG G., « Action Representation of Sound : Audiomotor Recognition Network While Listening to Newly Acquired Actions », *The Journal of Neuroscience*, January, vol. 27 (2), pp 308-314 (2007).
3. BESNARD J. *et al.*, « Utilization behavior : Clinical and theoretical approaches », *Journal of the International Neuropsychological Society*, 16, 3, 453-462 (2010).

▶ Le syndrome de Zelig (titre du film de Woody Allen sorti en 1983) est une affection qui pousse le patient à s'identifier à toute personne qu'il côtoie (une sorte de mimétisme compulsif). En présence d'un médecin, le patient se met à en examiner d'autres ; en présence d'un huissier, il se dit lui-même huissier etc. Ces rôles sont joués de façon sincère et crédible. Enfin, le syndrome de l'hyperphasie forcée pourrait être qualifié de caricature de commentateur radiophonique : en effet, le patient décrit en permanence les choses qu'il voit ou les comportements qu'il observe chez autrui (« le docteur prend son stéthoscope, il se gratte le nez, me dit de me taire, puis il regarde sa montre… »[1]).

De manière plus générale, on peut s'interroger sur l'intérêt marketing des neurones-miroirs. L'apprentissage vicariant, la perception du design, l'acceptation ergonomique, la compréhension motrice de l'usage d'un produit, tous procèdent de l'activation de ce système miroir et précèdent la persuasion.

Une représentation mentale (aboutissement du traitement perceptif) est donc un réseau d'activations cérébrales largement disséminées dans le cerveau, reposant sur des zones perceptives (par exemple le cortex visuel dans le lobe occipital) mais aussi associatives, présentes dans les autres lobes, tant pariétaux que temporaux, le tout fédéré (et recréé lors d'un rappel) par des structures de soutien, de nature mémorielle (hippocampe) et/ou affective (noyaux amygdaliens). L'activation cérébrale d'un souvenir, d'une évocation en « différé » pour ainsi dire, sera généralement (et heureusement) édulcorée par rapport à la perception originelle. Des études d'imagerie ont révélé qu'imaginer ou se souvenir d'une couleur activait aussi en partie des régions qui traitent la couleur ou encore qu'imaginer ou se souvenir d'un son (naturel, artificiel ou humain selon les cas), mobilisait des aires cérébrales traitant les sons et/ou la voix.

Les aspects sémantique, moteur ou visuel de la représentation évoquée *supra* ne sont pas mutuellement exclusifs. On pense même de plus en plus parmi les neuroscientifiques – c'est l'école dite de la « cognition incarnée » (*embodied cognition*) – que la perception est physiologiquement associée à l'action et que l'activation de zones prémotrices est nécessaire pour élaborer des concepts sémantiques, même abstraits, et ce bien sûr, en plus des activations motrices nécessaires pour la simple articulation ou phonation dans l'expression vocale. Par concept, on entendra une « unité cognitive de signification ».

---

1. TANAKA Y. *et al.*, « Forced hyperphasia and environmental dependency syndrome », *Journal of Neurological et Neurosurgical Psychiatry*, 68, 224-226 (2000).

▸ Y a-t-il un pilote dans l'avion ?

Lorsqu'on évoque des phénomènes perceptifs, fondés sur des sensations, on est tenté d'y associer systématiquement la conscience, car il peut sembler que l'on est nécessairement conscient de ce que l'on perçoit. Or, il n'en est rien. De multiples sensations, se traduisant par des percepts (auditifs, visuels, olfactifs, tactiles) peuvent demeurer en deçà du seuil conscient, soit parce qu'effectivement le stimulus est subliminal (sous le seuil de détection), soit parce que les ressources attentionnelles sont mobilisées à d'autres fins. Cela ne signifie pas que ces perceptions soient ignorées ou sans effet : en voiture, vous n'avez aucun souvenir d'avoir dépassé un cycliste car vous pensiez à votre prochain rendez-vous, mais cela ne vous a pas empêché de regarder dans votre rétroviseur, d'actionner votre clignotant et de tourner votre volant à gauche (nous l'espérons en tout cas !).

De fait, de nombreux percepts sont traités et intégrés dans nos cognitions sans qu'ils soient parvenus à notre conscience. En particulier, les préférences, les jugements esthétiques (voir la Partie 3), le sentiment de nouveauté ou de familiarité, l'émotion ressentie par autrui, le niveau d'acquiescement de l'interlocuteur, sont autant de traitements implicites de l'information. La préférence est l'exemple même de cognition implicite, fondée sur l'affect associé : on préfère souvent une personne ou une chose à une autre sans raison ou motivation explicite, sans qu'il soit fait appel à des références établies. Quel que soit l'objet considéré (matériel ou non, imaginé ou non), le sujet lui affecte une valence, c'est-à-dire une « étiquette affective », plutôt positive ou plutôt négative[1]. Même l'intonation ou la voix d'une langue étrangère induit un étiquetage affectif[2]. Cette cognition automatique joue un rôle évident dans le positionnement perçu d'une marque (que nous aborderons dans le Chapitre 6).

Percevoir donc est une condition *sine qua non* de survie, mais cette dernière sera grandement optimisée si l'organisme se souvient de ses erreurs et de ses réussites passées. Donc, *l'expérience* évite – normale-

---

1. DUCKWORTH K. L. *et al.*, « The Automatic Evaluation Of Novel Stimuli », *Psychological Science*, 13, 6, 513-519 (2002).
2. GARCIA M. T. et BARGH J. A., « Automatic Evaluation of Novel Words », *Journal of Language and Social Psychology*, 22, 4, 414-433 (2003).

ment – la répétition d'erreurs, préjudiciables au bien-être de l'individu. Le consommateur ainsi suivra l'adage « chat échaudé craint l'eau froide » et ne se fera pas abuser deux fois par la même offre qui lui apporte désagrément et insatisfaction, au lieu d'un contentement associé à la satisfaction d'un besoin. C'est à la fois l'expérience personnelle et l'information extérieure (jugée plus ou moins crédible selon la source) qui forgent les attitudes.

Exploitation de l'information

C'est l'expérience, comprise comme une succession d'épreuves personnelles se soldant par des résultats attendus ou inattendus et alliée à des dispositions innées ou développementales, qui permet la formation et la consolidation d'attitudes stables et adaptées. Il serait vain de tenter ici une définition unique de l'attitude, car c'est un construit psychologique qui en connaît des centaines et dont les caractéristiques supposées ont évolué au cours du temps.

Mémorisation et apprentissage

Le consommateur « apprend » en permanence et associe continûment et implicitement des stimuli commerciaux (publicités, marques, logos, produits, packaging, entreprise, etc.) à des valences, c'est-à-dire des étiquettes affectives qui, de manière très schématique, sont soit positives (on apprécie, le stimulus est attractif et on reproduit une tendance future à l'approche), soit négatives (on est déçu, mécontent ou écœuré par le stimulus et on renforce un comportement futur de refus ou d'évitement). L'apprentissage sera parfois explicite : le consommateur forge ses attitudes en toute connaissance de cause ; il sera souvent implicite : « l'étiquetage affectif » aura lieu sans que le consommateur en soit pleinement conscient. Une mémorisation pour une marque ou une offre sera d'autant plus forte qu'une synergie sensorielle aura été déployée (voir En pratique). Si l'on associe logo + *jingle* ou marque + odeur, on renforcera la force de l'encodage.

L'effluve des ventes : l'argent a de l'odeur.

Une société finnoise de marketing olfactif – Ideair – a réalisé une expérience pour une marque connue de liqueur, contenant de la crème de whisky. On avait constaté que la marque en question était une valeur sûre en *duty free* mais qu'elle peinait davantage dans les bars. Dans 5 bars, seule trônait une publicité visuelle pour la marque, tandis que dans 5 autres bars, l'affiche était associée (implicitement) à une odeur, celle de la liqueur, délivrée par un diffuseur masqué.

Selon ses initiateurs, les ventes de la liqueur à l'issue de la période d'expérimentation avaient progressé de 79 % dans les bars où la communication était visuo-olfactive, contre 11 % d'augmentation dans les bars affichant seulement le visuel.

Références : visible sur : http://www.neurosciencemarketing.com/blog/articles/scent-nearly-doubles-sales.htm – Site de la société Ideair : http://www.ideair.fi/

▸ Évaluations et formation des attitudes

Pour former des attitudes envers un objet ou une marque, il est nécessaire de l'évaluer au préalable, ne serait-ce qu'implicitement. Un exemple serait la « perception du beau » dans un musée, autrement dit la formation d'un jugement esthétique : sans que l'on soit réellement conscient(e) des critères d'évaluation que l'on se fixe, on procède néanmoins à l'attribution d'une valeur (positive ou négative) qui va servir de base au fondement de l'attitude. Le jugement esthétique est abordé dans le Chapitre 8 consacré à la politique de l'offre et au design. Lorsque nos attitudes sont contredites ou démenties par les faits, nous ressentons un inconfort mental que l'on nomme *dissonance cognitive*. Ce processus est décrit dans le Chapitre 6 qui traite du positionnement, prévu et perçu. Bien qu'assez stables, nos attitudes sont donc susceptibles de subtiles évolutions ou de changements brutaux.

▬ Caractéristiques propres de l'agent

▸ Humeur et état conjoncturel (l'émotion du moment)

Il est utile de rappeler les relations qui existent entre humeur et émotion. Le premier terme réfère à « des états affectifs en constante évolution, ressentis par les individus », tandis que le second représente « des réponses affectives spécifiques suscitées par des expériences particulières [de consommation][1] ». On peut ajouter quelques attributs complémentaires de différenciation entre les deux concepts : l'intensité (l'émotion est plus intense), la latence (l'humeur met plus de temps à varier), la durée (l'émotion est plus brève) et l'intentionnalité (l'émotion est suscitée par un objet/agent physique ou mental). Davidson a suggéré que les émotions modulent ou influencent les *actions* tandis que les humeurs influencent davantage les *cognitions*[2].

Parce qu'elle est en quelque sorte un indicateur implicite de l'environnement (l'évaluation est automatique), l'humeur conditionne les modalités du traitement cognitif. Généralement, une humeur positive favorise des traitements holistiques ou heuristiques (avec des comportements de curiosité ou d'approche), tandis qu'une humeur négative induira davantage de traitements séquentiels et analytiques (associée avec des comportements d'évitement et une préférence pour les choses familières). De mauvaise humeur, on cherchera donc davantage la « petite bête ». Induire une humeur positive dans un point de vente (au travers de ses facteurs « atmosphériques », cf. Chapitre 9) est de nature à moduler les processus de traitement de l'information du consommateur.

Des auteurs ont parfois associé la valence de l'humeur et la dominance hémisphérique du moment (souvent positive-gauche et négative-droite). Mais d'autres chercheurs constatent des schémas inversés : selon le champ visuel dans lequel sont projetés des stimuli ambigus[3] tels que des idéogrammes chinois, les valences attribuées seront statistiquement différentes. Ainsi des stimuli présentés dans le champ visuel gauche (et donc traités en première instance par l'hémisphère droit) seront en général mieux évalués[4]. Un élément paradoxal intéressant pour les publicitaires dans un contexte de presse écrite.

---

1. HOLBROOK M. B. et GARDNER M. P., « Illustrating a Dynamic Model of the Mood-Updating Process in Consumer Behavior », *Psychology and Marketing*, 17, 3, 165-194 (2000).
2. DAVIDSON R. J., « On Emotion, Mood and Other Affective Constructs », in EKMAN P. et DAVIDSON R. (eds.), *The Nature of Emotion, Fundamental Questions*, Oxford University Press, 51-55 (1994).
3. Donc selon l'hémisphère opposé de traitement primaire : des objets présents dans le champ visuel gauche seront d'abord traités par l'hémisphère droit et réciproquement.
4. KOCH, S., HOLLAND, R. W. et VAN KNIPPENBERG A., « Lateralization of diffuse positive and negative affect : Ascribing valence to ambiguous stimuli », *Cognition and Emotion*, 23, 3, 587-598 (2008).

Comment tout cela se traduit-il, en particulier avec une approche évolutionniste ? De façon imagée, Gasper et Clore[1] indiquent que, de bonne humeur, on voit plutôt la forêt et, de mauvaise humeur, seulement ses premiers arbres. Une humeur positive incite à avoir une vision plus globale et distanciée des choses (pas de danger à l'horizon) et des programmes « automatiques » de décision (heuristiques) peuvent être utilisés sans risque apparent. Une humeur négative est d'une certaine façon indicatrice d'une méfiance envers l'environnement et, par conséquent, une analyse plus minutieuse et focalisée des informations peut s'avérer être un choix vital. Dans le magasin, une humeur positive (induite par un environnement agréable) incitera à moins de délibérations, de comparaisons ou d'hésitations pour le choix d'un article.

Traduit en langage marketing, cela signifie qu'un consommateur de mauvaise humeur sera beaucoup plus inquisiteur, méfiant, exigeant, chipoteur et chiche qu'un consommateur tout sourire. Donc, dans un point de vente de détail, une des priorités sera de créer une atmosphère suscitant une humeur positive, au travers des éclairages, des odeurs, de la musique, de l'espace et des propriétés de l'air ambiant (voir le Chapitre 10 consacré à la politique de distribution). Cette humeur sera naturellement influencée *à la marge* par ces variables « atmosphériques » (une belle couleur n'oblitérera jamais une grave nouvelle), parfois ne parvenant même pas à la conscience du consommateur, tout en induisant de subtiles modifications dans le processus cognitif de ce dernier.

▶ Effets des besoins sur l'humeur

Nous avons déjà présenté et examiné dans un chapitre précédent certains aspects des besoins et désirs constituant des motivations à agir pour le consommateur ou l'agent économique. La satisfaction ou non d'un besoin entraînera un déséquilibre intérieur qui se signalera par le truchement d'une émotion, parvenant ou non à la conscience. Des émotions fugaces

---

1. GASPER K. et CLORE G.L., « Attending to the Big Picture – Mood and Global versus Local Processing of Visual Information », *Psychological Science*, 13, 1, 34-40 (2002).

et non détectées consciemment, vont créer et moduler des humeurs, positives ou négatives, selon l'état d'équilibre.

Les désirs plus complexes (car sociaux, supposant des interactions entre plusieurs individus) seront modulés ou modérés par les traits spécifiques de notre personnalité. Une personne extravertie et empathique ressentira plus douloureusement la solitude ou l'isolement – qu'un « misanthrope » qui la supportera bien mieux. De même, des personnes ayant un niveau optimal de stimulation (OSL) assez faible ne rechercheront pas (voire fuiront) des stimuli trop activants : de la musique trop forte, de la violence, des voix trop excitées, etc.[1]

▸ Tempérament et traits de personnalité

Selon les psychologues, la personnalité est ce qui fait d'une personne « un seul être ». Elle présente des propriétés telles que la constance (on change rarement complètement de personnalité) et la dynamique (elle n'est cependant pas figée). Allport la définissait en 1937 comme une « organisation dynamique, interne à l'individu, des systèmes psychophysiologiques qui déterminent son ajustement particulier à son environnement ». Dans un contexte marketing, une personnalité confiante ou méfiante, ne devrait pas être abordée de la même manière lors d'une prospection téléphonique, par exemple.

Par contre, le tempérament correspondra « aux différences individuelles, biologiquement déterminées, dans les façons d'agir, de réagir et dans les dispositions émotionnelles ». Il s'agit donc d'une des caractéristiques personnelles les plus stables dans la vie d'un individu. Et par conséquent, « les traits de personnalité résultent de l'interaction entre les dispositions tempéramentales et les contraintes cognitives et sociales »[2].

Les travaux portant sur la personnalité sont légions et le recours à l'imagerie cérébrale est désormais courant. De nombreux tests homologués prétendent déceler les grands traits de personnalité d'un individu. Parmi les plus célèbres figure le « *NEO-Personality Inventory* ». Le NEO-PI comprend cinq grandes dimensions (les traits centraux) : l'ouverture d'esprit, l'esprit consciencieux, le névrotisme (parfois « neuroticisme » ou

---

1. Retrouvez sur www.dunod.com un développement complémentaire sur le niveau optimal de stimulation.
2. Présentation du Pr. Bougerol de Grenoble accessible sur : http://www.la-clip.org/IMG/pdf/Psy9.pdf.

« stabilité émotionnelle »), l'extraversion (parfois « surgence ») et l'agréabilité. Ces facteurs sont surnommés les 5 grands (*Big Five*). Des échelles comprenant des batteries de questions permettent d'évaluer chacune des cinq dimensions, en prenant en compte des éléments sous-jacents.

▶ Le type de caractère se devine-t-il dans le cerveau ?

Des chercheurs ont étudié les rapprochements qu'il pouvait y avoir entre trois traits de personnalité mesurés chez des sujets (névrotisme, extraversion et esprit consciencieux) et leurs schémas d'activation cérébrale dans les zones du contrôle exécutif[1]. D'après leurs résultats, les « réponses neurales pourraient fournir une mesure plus directe de la personnalité que ne le font les questionnaires ». D'autres chercheurs qui parlent de neuroscience de la personnalité[2], ont examiné les corrélations qu'il pouvait exister entre les cinq grands traits de personnalité et la structure de certaines zones cérébrales, auprès de 116 sujets sains. Ce sont donc des clichés structurels – et non fonctionnels – qui ont été utilisés ici.

Selon De Young et ses collègues, l'extraversion est associée avec le volume du cortex orbitofrontal médian (qui traite l'information liée à une récompense) ; le névrotisme est associé avec les structures qui habituellement s'activent en présence de menaces ou de « punitions » ; l'agréabilité (amabilité) covarie avec le cortex cingulaire et le sillon temporal supérieur (décryptage des intentions d'autrui) ; enfin, l'esprit consciencieux covarie avec le volume du cortex préfrontal latéral, déjà évoqué dans ses fonctions de contrôle exécutif. Un rappel des zones est illustré dans le schéma ci-dessous.

1. EISENBERGER N.I., LIEBERMAN M.D. et SATPUTE A.B., « Personality from a controlled processing perspective : An fMRI study of neuroticism, extraversion, and self-consciousness », *Cognitive Affective et Behavioral Neuroscience*, 5, 2, 169-181 (2005).
2. DE YOUNG C.G. *et al.*, « Testing Predictions From Personality Neuroscience : Brain Structure and the Big Five », *Psychological Science*, published on April 30, 2010 as doi :10.1177/0956797610370159 (2010).

Structures d'aires associées à certains traits de personnalité

Figure 3.5

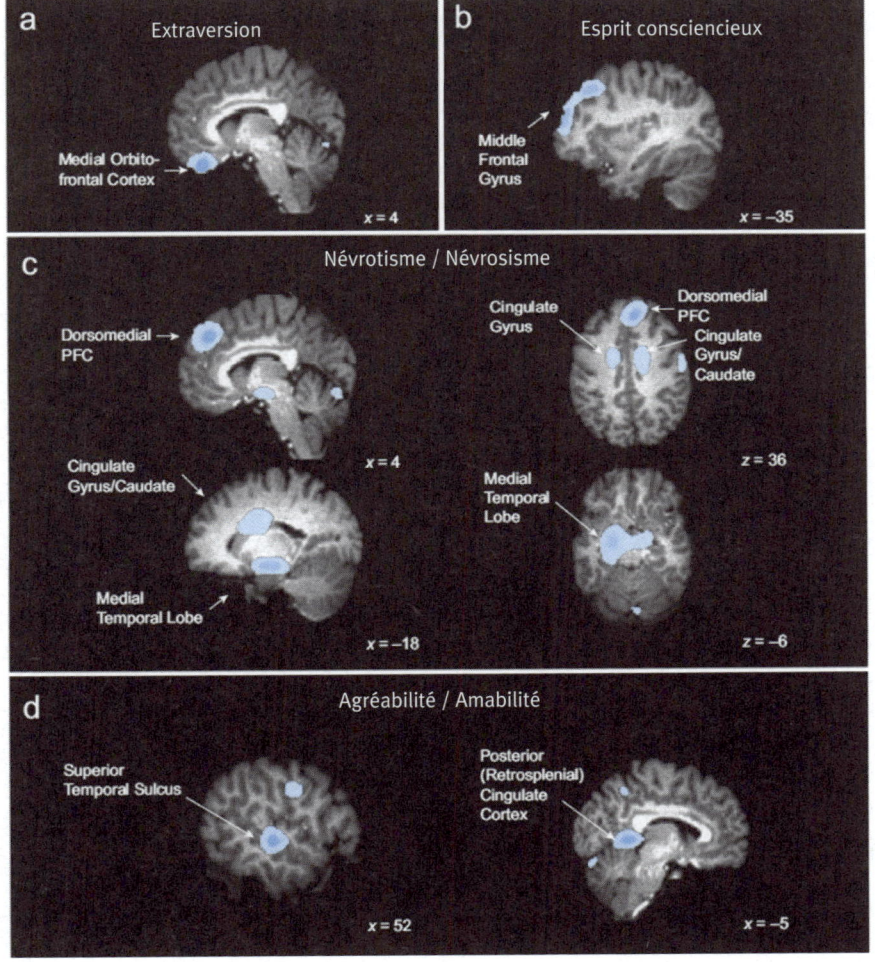

Source : De Young *et al.*, 2010

La question que des générations de marketeurs se posent est : « comment puis-je transposer cela dans une stratégie marketing ? Comment puis-je utiliser ces éléments comme clés de segmentation d'un marché ? ». Il est clair que l'on ne peut « scanner » tout son cœur de cible pour déterminer des typologies cérébrales avérées. Par contre, la confirmation objective par la neuroimagerie du lien qui existe entre des traits de personnalité (durables chez l'individu) et des façons particulières ou prioritaires de traiter l'information, peut permettre (par inférence inverse) d'extrapoler (à partir d'un échantillon représentatif du cœur de cible, dont on a évalué les traits de personnalité) le type et la tonalité de l'information qui seront les mieux traités et assimilés par le consommateur représentatif.

LES INFLUENCES ENVIRONNEMENTALES

En plus des facteurs propres qui n'appartiennent qu'à l'individu consommateur, d'autres éléments – extérieurs à lui ou elle – influencent bien sûr ses réflexions et ses choix. Ces éléments d'influence comprennent à la fois des congénères (des groupes sociaux, plus ou moins proches) et des lieux, des environnements, plus ou moins propices/favorables à la réalisation d'un but que s'est fixé le consommateur.

▬ Les groupes sociaux et la cognition sociale

La psychologie sociale et la psychologie évolutionniste représentent des corpus de recherche extrêmement variés et développés. En extraire tous les thèmes pertinents pour la recherche en comportement du consommateur est une gageure. On peut cependant, à titre d'illustration, citer quelques apports de ces disciplines. On rappellera que par groupes sociaux, on entend la famille et le cercle d'amis mais aussi, selon les cultures et les pays, les castes, les classes sociales ou les tribus. Les dirigeants de ces groupes seront *de facto* de puissants leaders d'opinion.

▸ Les interactions entre individus (toucher, regard, physionomie)

De nombreuses cognitions implicites interviennent lors des rencontres et des échanges entre individus, qu'ils en soient conscients ou non. Des études indiquent que le contact physique entre un vendeur et un consommateur ou entre un serveur et un client, peut avoir une incidence sur l'issue de la vente ou sur le montant du pourboire. Dans le même ordre d'idée, Peck et Childers[1] ont montré que les achats impulsifs étaient plus souvent le fait d'individus qui exprimaient un besoin de toucher les produits en vente dans un magasin. Cela a un sens si l'on constate que le fait de toucher un produit procure un plus grand sentiment de possession[2]. On pense à tous les produits technologiques en GMS enfermés dans leurs armoires vitrées : est-ce un bon calcul de la part du chef de rayon ? Le récent Apple Store à Paris a tout fait pour favoriser le contact tactile entre le prospect et le produit en libre accès. Par contre, la médaille a son revers : un produit ayant été vu être manipulé par un autre consommateur devient moins attractif, peut-être par crainte ancestrale d'une contagion éventuelle.

Le jeu du regard entre individus et son décodage immédiat et implicite, modulent la compréhension des intentions d'autrui et donc modulent également l'exécution de ses propres actions planifiées. Des études montrent que la direction et la fixité du regard peuvent avoir une incidence sur les cognitions de l'observateur. La nature du regard porté sur un objet lui confère même une valeur affective et un pouvoir d'attraction[3]. Les images d'activation ci-après Figure 3.6 montrent que « suivre le regard » d'autrui dirigé vers un objet, permet de comprendre les intentions motrices du regardant (les mêmes zones sont activées en situation « regard » (partie droite) vs. en situation « saisie » (partie gauche), bien que plus faiblement).

Les signaux implicites de l'émotion (expression faciale, prosodie ou intonation) constituent d'importantes sources d'information, non seulement pour décoder l'état d'esprit de l'interlocuteur mais aussi pour appréhender sa perception de l'environnement proche. Sans tomber dans les caricatures de séries télévisées qui montrent de fins psychologues décoder en temps réel le moindre frémissement de sourcil ou la moindre crispation du muscle releveur de la lèvre supérieure, on peut cependant convenir que l'on interprète – la plupart du temps implicitement – des signaux tels qu'une crispation musculaire, la direction d'un regard, le diamètre d'une pupille ou la vascularisation d'une joue. Sans être devin,

1. PECK J. et CHILDERS T. L., « If I touch it I have to have it : Individual and environmental influences on impulse purchasing », *Journal of Business Research*, 59, 765-769 (2006).
2. PECK J. et SHU S. B., « The Effect of Mere Touch on Perceived Ownership », *Journal of Consumer Research*, 36, 3, 434-447 (2009).
3. BECCHIO C., BERTONE C. et CASTIELLO U., « How the gaze of others influences object processing », *Trends in Cognitive Science*, 12, 7, 254-258 (2008).

on sait souvent si un vendeur croit ou non ce qu'il dit et s'il est impliqué ou non dans la recherche de notre satisfaction.

Figure 3.6   Activations cérébrales associées à la saisie manuelle et au regard porté sur l'objet

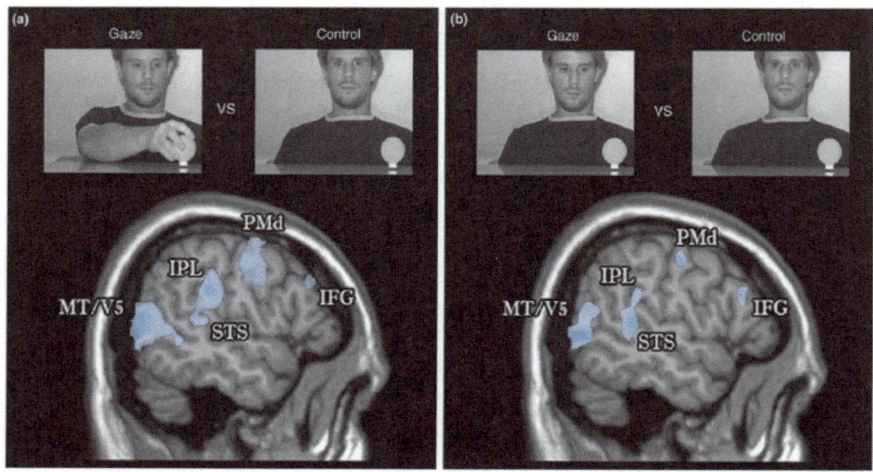

Activations observées lors d'un regard orienté accompagné d'un geste (panneau de gauche) *versus* un regard sans geste (panneau de droite). Chaque condition est comparée à une condition de contrôle neutre.
Source : Becchio, Bertone et Castiello, 2008

▶ La pression sociale du groupe

On sait que le fait d'appartenir à un groupe, une communauté, impose des contraintes à ses membres, comme le respect (ressenti ou affiché) de certaines valeurs, traditions ou croyances partagées par le groupe. Cela signifie qu'indépendamment des préférences propres de l'individu, les normes du groupe auquel il appartient dicteront ou du moins influeront sur ses choix finaux. Un exemple précis de cette sensibilité à la pression sociale au sein de jeunes adolescents (quelle musique doit-on aimer ou non) sera abordé dans le Chapitre 4.

Des études réalisées en neurosciences sociales cognitives ont porté sur le sentiment d'appartenance ou de non-appartenance à un groupe, sentiment généralement accompagné de préjugés à l'égard des personnes extérieures au groupe et parfois de souffrance morale en cas de rejet ou de refus d'intégration (voir Chapitre 2).

Le contexte environnemental et situationnel (*atmospherics*)

La psychologie de l'environnement étudie comment et en quoi des lieux (naturels ou artificiels) influencent les cognitions et les comportements des individus qui s'y trouvent. Les architectes, les urbanistes, les gestionnaires de lieux publics (musées, stades etc.), s'inspirent régulièrement des travaux réalisés dans ce domaine.

On supposera que tout environnement induit des modifications de l'état émotionnel de l'individu qui y est soumis. Pour certains auteurs, une évaluation cognitive de l'environnement est nécessaire pour susciter un état émotionnel qui prédispose à des comportements d'éloignement (évitement) ou de rapprochement (approche). Pour d'autres auteurs, l'effet d'un environnement est essentiellement affectif, cet état affectif étant susceptible à son tour d'influer sur des processus cognitifs d'évaluation, d'appréciation ou de prise de décision. L'influence des environnements commerciaux sur les attitudes et les propensions comportementales (les achats) a ainsi été démontrée tant en Amérique qu'en Europe ou en Asie. Cette influence concerne également désormais les réalités virtuelles (Second Life par exemple) et les sites commerciaux sur l'Internet.

Des exemples d'approche neuroscientifique de cette thématique seront présentés dans le Chapitre 9 consacré à la politique de distribution, qui inclut la gestion sensorielle du point de vente[1]. La perception du temps, celle de l'espace, doivent être prises en compte dans la gestion d'un point de vente de détail.

---

1. Sur ce thème précis, voir RIEUNIER S. *et al.*, *Le Marketing Sensoriel du Point de Vente*, Dunod, 3e édition (2009).

LES TYPOLOGIES DE COMPORTEMENT

Les comportements du consommateur sont extrêmement variés et dépendent de tous les facteurs – internes et externes – que nous avons cités précédemment. Il est néanmoins possible de qualifier ces comportements de rationnels ou planifiés, d'improvisés voire de compulsifs. Nous les passerons successivement en revue, en les illustrant parfois d'études d'imagerie cérébrale.

▬ Les comportements utilitaires et planifiés (rationalité limitée)

Lors d'achats très importants ou très impliquants (achat d'une maison, d'une voiture, d'équipements onéreux de la maison), le consommateur s'efforce d'accomplir le « meilleur choix », d'éviter les plus grosses bévues et de réaliser le meilleur ratio avantages sur investissement. Un ratio jugé positif induira une satisfaction plus ou moins durable, tandis qu'un ratio jugé insuffisant induira un mécontentement, suscitant un inconfort cognitif, une dissonance que le consommateur cherchera à réduire ou supprimer, de manière objective ou non (voir le Chapitre 6, où la dissonance cognitive est décrite dans un contexte de positionnement de marque).

Ces achats impliquants supposent donc une certaine « rationalité », c'est-à-dire la prise en compte des éléments matériels, objectifs et disponibles, permettant d'aboutir à une décision qui maximise l'utilité choisie. Cela ne signifie pas que tout affect est à bannir : au contraire, Antonio Damasio[1] a démontré qu'une décision n'était réellement optimale que lorsque les structures limbiques (sous-tendant l'émotion) sont aussi opérationnelles et impliquées. Mais des études montrent également que des structures latérales du cortex préfrontal (voir la Figure 3.7) interviennent dans un contexte d'évaluation consciente et réfléchie[2].

Cela apparaît cohérent, puisque nous avons vu que les aires préfrontales latérales étaient souvent impliquées dans le contrôle exécutif. Nous verrons dans le paragraphe suivant que d'autres structures du cerveau,

---

1. DAMASIO A., *L'erreur de Descartes – la Raison des émotions*, Odile Jacob (1995).
2. CUNNINGHAM W. A. et ZELAZO P. D., « Attitudes and evaluations : a social cognitive neuroscience perspective », *Trends in Cognitive Science*, 11, 3, 97-104 (2007).

plus médianes, sont mobilisées dans le cas d'une procédure de choix automatique ou routinière (l'achat régulier du même paquet de café, par exemple).

Structures impliquées dans une procédure de décision réfléchie   Figure 3.7

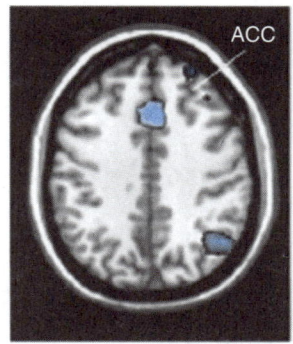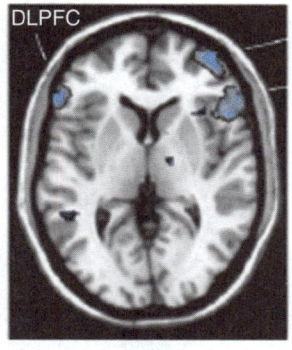

L'aire cingulaire antérieure (ACC) et les aires préfrontales (PFC) sont activées.

Source : Cunningham et Zelazo, 2007

■ Les comportements automatiques et/ou impulsifs

Nous avons évoqué les choix rationnels et conscients du consommateur dans le cas d'achats impliquants. Mais le consommateur omniscient et omnipotent n'existe pas. Il ignore quelle est la totalité des offres disponibles, il ignore de manière exhaustive leur prix et leur qualité intrinsèques et il ignore les buts réels poursuivis par les offreurs (asymétrie de l'information). Autrement dit, il doit optimiser ses choix en tenant compte des contraintes qu'il subit. En outre, ses capacités de réflexion, d'analyse, de synthèse sont limitées ; sa rationalité apparente est donc limitée. Puisque notre esprit est limité, il doit recourir à des méthodes approximatives pour traiter des tâches courantes ou routinières ; cela lui permet de conserver des capacités de traitement d'information pour des événements, des situations nouvelles, qui nécessitent des évaluations plus approfondies. Ces méthodes approximatives, ces « programmes automatiques », sont des heuristiques. La Figure 3.8 montre les régions activées lors d'un traitement routinier ou automatique. On constate qu'il s'agit plutôt des aires médiales du cerveau. Nous avons vu dans le

Chapitre 2 que ces aires étaient actives par défaut, c'est-à-dire égocentrées, en l'absence de stimuli extérieurs notables, nécessitant un traitement particulier.

Figure 3.8   **Structures impliquées dans une procédure automatique d'évaluation et de décision**

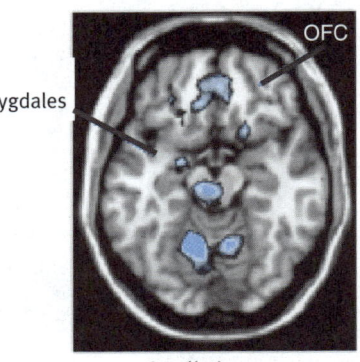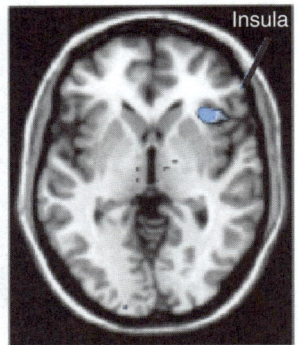

Corrélation avec
l'intensité émotionnelle

Corrélation avec
la valence (bien-mal)

Les amygdales et le cortex orbitofrontal (OFC) pour l'intensité émotionnelle et l'insula pour la valence émotionnelle, sont activés lors des traitements automatiques (heuristiques).

Source : Cunningham et Zelazo, 2007

Une heuristique affective pourrait correspondre en marketing à une décision « spontanée », fondée apparemment sur l'intuition et reposant *de facto* sur des processus cognitifs automatiques inconscients. Pour Simon, « la structure environnementale est d'une importance cruciale car elle permet d'expliquer quand et pourquoi de simples heuristiques fonctionnent correctement : lorsque la structure de l'heuristique est adaptée à celle de l'environnement »[1].

---

1. Retrouvez sur www.dunod.com un développement complémentaire sur les comportements compulsifs.

À RETENIR

▸ Le comportement du consommateur est le fruit de cognitions plus ou moins complexes, plus ou moins conscientes. Aujourd'hui, on pense qu'une majorité de nos cognitions s'opère de manière inconsciente. Dans un rayon boissons où l'on recherche du cola, nous nous dirigerons vers le linéaire bleu ou rouge (en fonction de nos préférences personnelles) sans en être pleinement conscient(e).

▸ Plus la procédure de traitement de l'information est familière ou anodine, plus elle s'automatise et devient inconsciente (notions d'heuristiques affectives). Choisir une marque connue en rayon exige moins « d'effort » cognitif qu'une marque moins connue et/ou appréciée. Quand on sait qu'un jus d'orange se voit accordé 17 secondes d'attention en moyenne dans un rayon, on comprendra que la référence ayant la notoriété *top of mind* part avec une longueur d'avance.

▸ Une bonne partie de nos cognitions sont influencées voire biaisées par des croyances et des attitudes, inculquées ou insufflées en partie par le groupe social d'appartenance (effets de la culture).

▸ Elles sont également biaisées par le contexte du moment : la marque apparente d'un produit ou son prix supposé influencent son évaluation gustative ; la vraisemblance d'une information est modulée par sa source (nom du journal) ; une couleur de fond très « mode » peut rehausser la gamme perçue d'une enseigne *low-cost*.

▸ L'être humain est un « animal social » extrêmement évolué, car il peut deviner de manière implicite à la fois la valeur d'un environnement et les attitudes portées par autrui sur ce même environnement. La simple détection d'un regard (direction, fixité, durée, expression faciale associée) d'autrui permet de détecter à distance une modification de l'environnement. Par exemple, voir quelqu'un dans un magasin durant des soldes, se hausser sur la pointe des pieds, sourire largement puis se diriger prestement dans une direction, laisse à penser qu'une bonne affaire a été détectée et incite à le/la suivre.

▸ Si l'on pense couramment que c'est l'environnement et le milieu qui nous façonnent et qui font ce que nous sommes, les sciences naturelles – les neurosciences et la génétique, en particulier – nous rappellent cependant qu'une bonne part de nos perceptions, appréciations, réactions émotionnelles, sont fondées sur des mécanismes dépendant de notre personnalité, en partie héritée. Cette dernière sera très rarement modifiable, sans des efforts considérables. On s'efforcera par conséquent de ne pas « forcer la main » à des consommateurs introvertis, mais au contraire de leur aménager un espace de confiance et de détente.

▸

▶ ▸ L'universalité de l'homme et ses cognitions (surtout dans le domaine de l'évaluation affective) autorise les marketeurs à concevoir des positionnements et des avantages concurrentiels compréhensibles du plus grand nombre. En effet, la « théorie de l'esprit » (notre capacité à comprendre des intentions) permet de décrypter la plupart des sentiments humains en fonction des contextes. Sans que nous nous en rendions compte, l'essentiel de notre communication est gestuel et postural, explicitant des non-dits et des allusions qui vont de soi. Du Pérou à la Thaïlande, en passant par le Ghana, une publicité montrant un homme qui apporte tendrement un café instantané à sa femme enceinte, transmettra le même message et associera les mêmes sentiments à la marque partout dans le monde.

5 RÉFÉRENCES POUR ALLER PLUS LOIN

- CRANO W.D. et PRISLIN R., « Attitudes and Persuasion », *Annual Review of Psychology*, 57, 345-374 (2006).
- FALK E.B. *et al.*, « The Neural Correlates of Persuasion : A Common Network across Cultures and Media », *Journal of Cognitive Neuroscience*, doi :10.1162/jocn.2009.21363 (2009).
- GALLACE A. et SPENCE C., « The Cognitive and Neural Correlates of Tactile Memory », *Psychological Bulletin*, 135, 3, 380-406 (2009).
- HEBERLEIN A.S. et ADOLPHS R., « Functional anatomy of human social cognition », in EASTON A. et EMERY N. (eds.), *The cognitive neuroscience of social behavior*, Psychology Press – Taylor et Francis, 157-194 (2005).
- KATO J. *et al.*, « Neural correlates of attitude change following positive and negative advertisements », *Frontiers in Behavioral Neuroscience*, 3, 6, doi : 10.3389/neuro.08.006.2009 (2009).

Stratégie et décisions incarnées

Le marketing reste et demeure une discipline (ou un art ?) qui recèle une composante managériale et stratégique, à l'origine même de ses déclinaisons opérationnelles. Autrement dit, concevoir une annonce presse ou préparer une opération de relations publiques sont des activités assez vaines si elles ne reposent pas ou ne découlent pas d'une réflexion et d'une décision stratégiques initiales. Faire du marketing, c'est donc aussi étudier des marchés et des besoins, les quantifier et les qualifier, les choisir ou les rejeter en fonction de leur futur prévisible et de leur valeur intrinsèque.

Revisiter le marketing à l'aune des neurosciences consiste donc aussi à redécouvrir biologiquement – d'une manière incarnée – les processus cognitifs de décision qui se déroulent dans l'entreprise ou dans l'organisation, ainsi que leurs auteurs, les agents économiques (les êtres humains) qui les suscitent ou les subissent. Décideurs et suiveurs sont les acteurs sociaux qui composent et animent l'organisation et qui initient les décisions marketing, fondées sur des études préalables.

Cette deuxième partie abordera sous l'angle neuroscientifique le processus de décision dans l'entreprise, la collecte d'informations marketing sur les marchés et les modes de représentation de ces derniers, ainsi que les étapes classiques du déploiement d'une stratégie marketing (segmentation, ciblage et positionnement).

Partie II

Chapitre 4

LEADERSHIP ET MANAGEMENT : CHOIX ET DÉCISIONS DANS L'ORGANISATION

Dans ce chapitre, nous nous efforcerons de montrer que les neurosciences (alliées à la psychologie évolutionniste) peuvent éclairer d'un jour nouveau la compréhension du management et du leadership dans l'entreprise. La fonction marketing, au-delà de ses aspects visibles et opérationnels, inclut également la prise de décision et la gestion des hommes dans l'organisation. Notre cerveau nous prédispose à prendre des décisions ou à les différer (ce qu'on appelle la procrastination), après de longues ou de courtes délibérations, solitaires ou collectives, conscientes ou implicites. Certains membres de l'organisation tendront naturellement à émettre et à imposer leurs vues, tandis que d'autres membres attendront la position majoritaire pour se rallier. Leaders et suiveurs peuvent être décrits selon leur psychologie respective. Toute déviation forte des processus cognitifs « normaux » peut aboutir à des comportements inadaptés ou néfastes au groupe.

Mots-clés

- aversion
- dominance
- conformisme
- conformité
- mimétisme
- obéissance
- ocytocine
- suiveur
- sujétion

FOCUS SUR LE GYRUS TEMPORAL SUPERIEUR (STG ; BA 22) ET LE GYRUS TEMPORAL MÉDIAN (MTL ; BA 21)

Le lobe temporal est composé de trois (parfois deux seulement) circonvolutions (gyri), séparés par des sillons. Le STG se situe sur la partie supérieure du lobe temporal. Le consensus actuel estime que cette région intervient dans le traitement auditif et la compréhension du langage. Cette fonction étant fortement latéralisée, les chercheurs pensent que l'aire BA 22 gauche intervient (si l'hémisphère gauche est dominant) dans la compréhension du langage (sens des mots), tandis que l'aire BA 22 droite serait plutôt orientée vers le traitement de la mélodie, du rythme ou de l'intensité des sons parlés (la prosodie). Cette région nous permet de déceler le contenu émotionnel d'une langue étrangère.

Figure 4.1

Le gyrus temporal supérieur

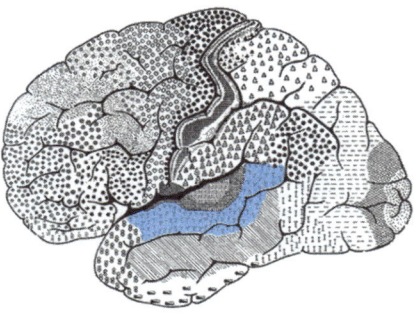

Source : http://brodmann.psyblogs.net/2009

Le gyrus temporal moyen est impliqué dans les processus mémoriels, en particulier de nature sémantique. Le niveau d'activité dans le MTL prédit la force de l'encodage et donc les probabilités de rappel. Si cette zone s'est davantage activée lors de la présentation d'une publicité par exemple, son contenu sera mieux conservé en mémoire à long terme, ce qui facilitera le souvenir ultérieur de ses éléments. Selon certains auteurs, le profil d'activité du MTL au repos (sans tâche spécifique) est corrélé avec des différences individuelles au niveau des capacités mémorielles. Cela revêt une certaine importance pour les objectifs publicitaires de notoriété, par exemple. Cela veut dire que chacun n'a pas les mêmes facultés de mémorisation et que pour des individus présentant un MTL moins actif au repos, il s'agirait de renforcer les expositions à la marque.

MENEURS ET SUIVEURS

« Un leader sait ce qu'il faut faire ; un manager sait seulement comment le faire ». (Ken Adelman)

Le vieil adage stipule que « gouverner, c'est prévoir », mais prévoir c'est d'abord envisager des alternatives réalistes et choisir des réponses possibles. Diriger et prévoir sont des fonctions essentielles du management et consistent avant tout à prendre des décisions. Ces décisions peuvent faire l'objet d'une mûre et longue réflexion, appuyée sur de nombreux faits, arguments ou preuves, ou provenir d'une intuition, une évidence fulgurante qui survient et qui impose un choix à la conscience (voir *infra*). Dans tous les cas de figure, l'expérience du sujet – et donc sa mémoire implicite ou explicite des événements passés – est convoquée et exploitée.

Les décisions recouvrent tous les domaines qui appellent à un comportement, une action ou à un ajournement de l'action, depuis les aspects les plus prosaïques ou triviaux aux éléments les plus majeurs et stratégiques.

■ Qu'est-ce qui fait le leader ?

L'identité du décideur peut également prendre plusieurs visages. Stratège, leader ou manager, le décideur dictera les conduites à suivre, en s'efforçant parfois de persuader ou d'acquérir une adhésion pleine et entière du reste du groupe, composé en bonne partie de « suiveurs », c'est-à-dire d'individus préférant opter pour un « guide ». Le leadership est alors « la capacité à susciter de l'entrain et de la motivation chez les membres d'une communauté »[1]. Les suiveurs – sans être de simples « potiches » – ont néanmoins un rôle à jouer dans la gouvernance de l'entreprise et dans la prévention éventuelle de mauvaises pratiques susceptibles d'y être menées. Les Anglo-Saxons les appellent d'ailleurs des *whistle-blowers*,

---

1. REICHER S., HASLAM A. et PLATOW M., « La nouvelle psychologie du leadership », *Cerveau et Psycho*, 25, 24-29 (2008).

des sonneurs d'alerte en quelque sorte. Le concept de leadership évolue donc dans un sens plus consensuel et démocratique[1].

La perception et l'explication de la présence de leaders dans la société (et dans le règne animal en général) ont gravité autour de deux grands types de causalité. La première causalité est endogène ou biologique : on est leader parce qu'on *naît* leader (théories des traits de personnalité) tandis que la seconde, exogène ou culturelle, stipule que ce sont l'environnement, le contexte, les circonstances, qui forgent le leader (théories de la contingence). On voit là des clivages que l'on peut facilement retrouver dans les idéologies politiques. La vérité se situe peut-être, comme souvent, entre ces deux positions extrêmes[2].

En 2006, Arvey et son équipe ont étudié 646 paires de jumeaux (dont 331 monozygotes, de « vrais » jumeaux partageant le même génome) en les soumettant à des tests de personnalité et des tests cognitifs. Selon ces auteurs, des facteurs génétiques expliquaient le niveau de « leadership » à 39 %, tandis que d'autres facteurs (épigénétiques, environnementaux) expliquaient le reste. Les facteurs génétiques en question étaient davantage liés à des traits de personnalité qu'à des capacités cognitives particulières[3]. Autrement dit, ce sont surtout des qualités d'ouverture, d'empathie, d'extraversion, etc. qui importent – davantage que les seules capacités intellectuelles que l'on imagine.

Autre faculté décelée par les chercheurs, c'est la capacité pour la plupart d'entre nous, d'identifier d'un coup d'œil, un visage ou une posture sous-entendant un statut de « dominant » ou de « subordonné ». Une étude d'imagerie menée par l'équipe de Chiao a montré qu'un visage exprimant un sentiment d'assurance (dominance) ou de soumission pouvait être décrypté en quelques fractions de seconde par notre système nerveux. Les caractéristiques faciales les plus explicites pour notre cerveau sont le port de tête (levée ou baissée) et le regard (direct ou fuyant). En outre, des structures corticales différentes semblent évaluer l'un ou

1. Avolio B.J., Walumbwa F.O. et Weber T.J., « Leadership : Current Theories, Research, and Future Directions », *Annual Review of Psychology*, 60, 421-449 (2009).

2. Judge T.A., R.F. Piccolo et T. Kosalka, « The Bright and Dark Sides of Leader, Traits : A Review and Theoretical Extension of the Leader Trait Paradigm », *The Leadership Quarterly*, 20, 855-875 (2009).

3. Arvey, R.D, Rotundo M., Johnson W., Zhang Z. et McGue M., « The determinants of leadership role occupancy : Genetic and personality factors », *The Leadership Quarterly*, 17, 1, 1-20 (2006).

l'autre des statuts, soit dominant soit « subordonné »[1]. On retrouve ces caractéristiques dans des publicités qui caricaturent des « petits chefs » ou des « faibles » du secteur bancaire.

◼ Les suiveurs et les chevilles ouvrières

Les suiveurs, même si le terme peut parfois être connoté négativement (avec les comportements « moutonniers »), sont indispensables au fonctionnement de la société et des organisations. Une « armée mexicaine » (qui comprendrait plus de colonels que de soldats) ne peut en effet être efficace ou pérenne. En outre, tout un chacun n'aspire pas nécessairement à la direction d'une ville, d'une entreprise ou même d'une association. Montaigne écrivait déjà : « Il est plus plaisant de suivre que de guider ». Bien que souvent délaissés par la recherche, au profit des leaders ou managers en tant qu'acteurs principaux de l'entreprise, les suiveurs font désormais l'objet d'études sociologiques ou managériales. D'ailleurs, des auteurs ont souligné que « dominance » et « soumission » – des traits que l'on retrouve respectivement plutôt chez les leaders et les suiveurs, – ne sont pas les pôles opposés d'un même continuum, mais bien deux traits distincts et indépendants[2]. Malheureusement aussi, l'Histoire a également montré comment les individus pouvaient aisément abdiquer leur volonté ou leur libre arbitre pour adhérer pleinement à des thèses ou des idéologies dominantes, soit par conviction (conformité privée) soit par intérêt (conformité publique). Cet aspect est développé dans une section suivante.

Des chercheurs, dont certains travaux ont déjà été cités, ont indiqué qu'une tendance assez naturelle de l'homme serait le respect de la hiérarchie sociale plus que le strict égalitarisme. Ainsi, les individus qui préfèrent cette hiérarchie sociale seraient les plus empathiques, c'est-à-dire les plus susceptibles de ressentir ou d'imaginer ce qu'éprouve autrui. En particulier, l'insula inférieure gauche et le cortex cingulaire antérieur (souvent impliqués dans cette faculté d'empathie, cf. Focus Chapitre 5)

---

1. CHIAO J.Y. *et al.*, « Knowing Who's Boss : fMRI and ERP Investigations of Social Dominance Perception », *Group Processes et Intergroup Relations*, 11, 2, 202-214 (2008).
2. HOGAN R. et HOGAN J., « The Roles of Dominance and Submission in Leadership », in BURNS J. M., GOETHAIS G. R. et SORENSON G. (eds.), *Encyclopedia of Leadership*, Berkshire/Sage (2004).

sont plus activés chez ces personnes[1]. Il semble ainsi que nous soyons capables de détecter et évaluer les statuts hiérarchiques de manière implicite ou de manière tout à fait réfléchie, en observant des indices accompagnant ces statuts (par exemple, un uniforme et des galons)[2].

LA PRESSION DES PAIRS ET LA CONFORMITÉ SOCIALE

Le respect de la conformité sociale dicte parfois les préférences et les choix des individus qui y adhèrent. Les individus sont ainsi plus ou moins sensibles à l'influence d'autrui ou des groupes sociaux (que l'on peut qualifier en marketing de « caisses de résonance », de leaders d'opinion, ou encore de gourous).

Certains traits de caractère prédisposent à la critique systématique, au scepticisme, à la contestation d'idées ou d'éléments culturels dominants ou majoritaires. D'autres incitent, au contraire, à suivre (avec un minimum de réflexion) l'opinion générale, ou du moins celle qu'impose l'autorité la plus haute et/ou la plus légitime. Conformisme et obéissance sont deux formes de soumission à une autorité. Le comportement « moutonnier » est étudié par des éthologues mais aussi pour les êtres humains par des psychologues sociaux et des sociologues. Les hommes de marketing s'y intéressent également pour étudier les phénomènes de diffusion des modes ou des innovations. Le lecteur verra facilement des applications marketing aux exemples qui suivent.

Des neuroscientifiques soupçonnent que ces comportements moutonniers pourraient trouver leur origine dans une sorte de « contagion » émotionnelle ou comportementale. Les neurones-miroirs (ainsi que les neurones canoniques, récemment découverts par une équipe italienne) s'activent lorsqu'on effectue un geste, lorsqu'on l'imagine ou lorsqu'on le voit faire. Ainsi, le fait de voir quelqu'un s'enfuir à toutes jambes prémobilise (inconsciemment) des potentiels musculaires pour en faire de même. Il suffit alors d'un état émotionnel propice qui émousse nos facul-

---

1. CHIAO J. Y., MATHUR V. A., HARADA T. et LIPKE T., « Neural basis of preference for human social hierarchy versus egalitarianism », *Annals of the New York Academy of Science*, 1167, 174-181 (2009).
2. Retrouvez sur www.dunod.com un développement complémentaire sur les indices visuels sociaux.

tés de discernement et d'inhibition de comportements non-adaptés pour que le mimétisme s'instaure.

La sensibilité à l'influence d'autrui peut prendre d'autres aspects. On connaît la célèbre expérience de Stanley Milgram dans laquelle des sujets « enseignants » devaient infliger des décharges électriques aux « apprenants » défaillants n'ayant pas mémorisé des associations de mots. Naturellement, les apprentis étaient des comédiens complices et les décharges simulées, mais les sujets « instructeurs » l'ignoraient. 26 sujets sur 40 avaient été jusqu'au bout de l'expérience avec l'infliction de la décharge maximale – et supposément quasi-mortelle – de 450 volts. Ce que montrait l'étude, c'est que sous l'influence d'une autorité (ici celle académique de l'Université de Yale), le citoyen (ou le consommateur, par extrapolation) peut faire abstraction de ses croyances ou valeurs morales propres et obéir en déchargeant sa responsabilité sur cette autorité[1].

L'expérience de Stanley Milgram  **En pratique**

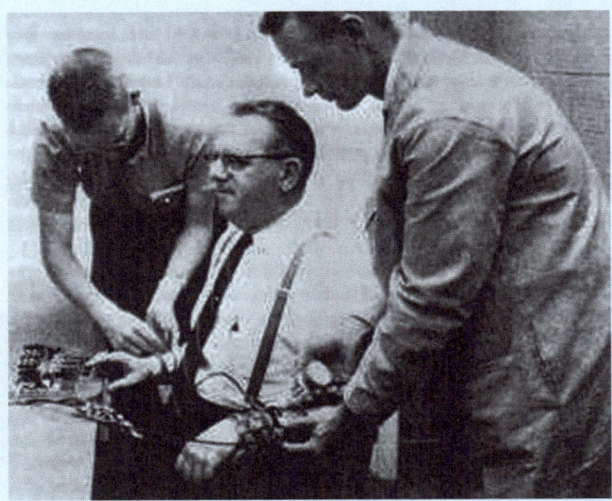

En 1963, une expérience, dont les résultats ont été publiés sous le titre « Étude Comportementale de l'Obéissance » dans la revue *Journal of Abnormal and Social Psychology*, allait faire le tour du monde et alimenter de nombreuses rubriques. Des sujets (des hommes de 20 à 50 ans) ont été recrutés et payés

▶

---

1. MILGRAM S., « Behavioral Study of Obedience », *Journal of Abnormal and Social Psychology*, 1963, 67, 4, 371-378 (1963).

pour participer à une étude soi-disant « consacrée à la mémorisation et à l'apprentissage », sensément améliorés par la crainte d'une punition. Il s'agissait de déterminer officiellement quels étaient les seuils optimaux de punition pour maximiser la mémorisation.

L'expérimentation, supervisée par un savant en blouse blanche, avait lieu dans les prestigieux locaux de l'université de Yale (New Haven, Connecticut). Après un faux tirage au sort, le sujet était désigné « enseignant » et devait faire apprendre à un apprenti (un comédien complice des expérimentateurs) des associations de mots. Chaque erreur était punie d'un choc électrique, d'une tension croissante. Un faux générateur électrique était supposé délivrer de 15 à 450 volts à l'infortuné « cobaye » qui ne répondait pas correctement aux questions. Plus le voltage augmentait, plus l'apprenti se plaignait, suppliait, criait et gémissait. Les sujets « enseignants », gênés d'infliger des décharges à l'apprenti, prenaient l'expérimentateur pour témoin, qui répondait invariablement : « vous devez continuer » ou bien : « il est absolument essentiel que vous continuiez » ou encore : « vous n'avez pas le choix, vous devez continuer ».

Les résultats ont montré que sur les 40 sujets testés, la totalité avait appliqué un voltage d'au moins 300V et que 26 avaient appliqué le voltage maximal – 450V – aux apprentis. Soumis à une autorité jugée légitime, les sujets avaient obéi jusqu'au bout. Tout le stratagème était révélé à l'issue de l'expérimentation et l'apprenti montrait qu'il avait joué la comédie et qu'il allait très bien.

Cette obéissance à l'autorité partage des mécanismes communs avec la conformité sociale. Selon Braverman de l'université de Boston, cette conformité peut se concevoir « privée » ou « publique ». Dans le premier cas, il s'agira d'un consentement, d'une adhésion personnelle et sincère à une norme, tandis que, dans le second cas, il y a une apparente soumission, un respect affiché ou prétendu, sans qu'il y ait nécessairement une conviction réelle.

On retrouvera naturellement cette forme de conformité dans le comportement du consommateur, en particulier chez le jeune adulte, dont certaines zones corticales (souvent en charge des freins ou inhibitions des tendances naturelles) restent immatures jusqu'à environ vingt ans. Dans une expérimentation récente, réalisée auprès d'adolescents américains, on a montré que les préférences musicales personnelles pouvaient être modifiées en fonction de l'opinion majoritaire supposée (cf. En pratique). Cette pression des pairs (ou des groupes de référence) est un facteur important qui explique des comportements grégaires et suiveurs. Des économistes reconnaissent aujourd'hui que si la bulle spéculative de 2007 n'a pas été prévue ou perçue à temps, c'est que la crainte de « détoner » (*mismatch anxiety*) parmi les collègues – c'est-à-dire de dévier du consensus – était dominante dans le milieu académique.

Les groupes de référence sont aussi de puissants orienteurs de tendances, exerçant un pouvoir implicite fort sur ceux qui s'en revendiquent. On peut citer comme simples exemples de groupes influençables : les supporteurs de football, les bandes de banlieue, les fans de groupes/styles musicaux, les passionnés de bande dessinée ou de mangas, les aficionados de séries cultes tels les *trekkies* (fans de Star Trek), etc.

L'influence de l'opinion sur les jugements personnels | En pratique

Une étude d'imagerie cérébrale (IRM fonctionnelle) a consisté à interroger des adolescents (âgés de 12 à 17 ans) sur leur degré d'appréciation à l'égard d'extraits musicaux de 15 secondes disponibles sur le site communautaire MySpace sur l'Internet.

Les sujets devaient dans un premier temps donner leur avis (en notant de 1 à 5 étoiles) pour chacun des extraits, tandis que leur activité cérébrale était mesurée et enregistrée (juste avant la note). Dans un second temps, l'évaluation moyenne de l'ensemble des internautes (les pairs) était révélée aux sujets qui devaient alors donner une seconde évaluation des mêmes extraits musicaux. On a alors constaté plusieurs faits du point de vue comportemental : une majorité de sujets modifiait ses jugements s'ils étaient contraires à ceux des pairs et cela d'autant plus que le sujet est jeune. Au-delà de ces constats, somme toute classiques, la mesure plus objective des activations cérébrales permet de montrer que deux zones spécifiques s'activent selon qu'il s'agit seulement d'apprécier un stimulus ou qu'il s'agit de l'évaluer en connaissant l'avis de tiers.

Dans le cas de l'évaluation simple, on constate que des aires ventromédiales – à savoir les noyaux caudés, les zones claires au centre du cliché – sont activées proportionnellement à l'évaluation donnée, tandis que dans le cas d'un conflit entre l'avis personnel et l'avis collectif, l'aire insulaire (cerclée à droite sur le cliché) est activée, proportionnellement à l'intensité du conflit.

Du point de vue neurobiologique, confirmant ainsi de nombreux travaux antérieurs, l'appréciation musicale (sincère, subjective et involontaire) est corrélée avec l'activation d'une structure sous-corticale appelée noyau caudé (voir le cliché). *A contrario*, le constat d'une divergence entre préférences (la sienne et celle des pairs) suscite une dissonance qui active fortement une structure corticale profonde, l'insula antérieure, déjà étudiée dans des contextes de malaise, de dégoût ou de rejet. Ainsi, un décalage (*mismatch*) dans les préférences convenues suscite un malaise – pas forcément perceptible consciemment mais qui est mesurable par le scanner – qui doit être réduit ou supprimé en modifiant le niveau d'assentiment initial.

▶

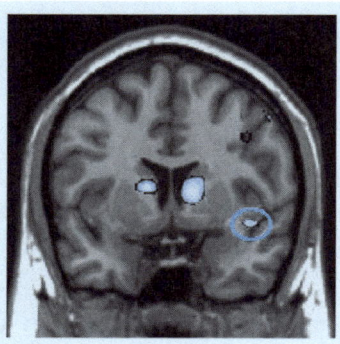

Il est clair qu'en termes de marketing, la persuasion efficace d'un préadolescent ou d'un adolescent passe par l'assentiment implicite du groupe auquel il se réfère, sous peine d'être perçu comme peu crédible. On pensera par exemple à des campagnes de prévention relatives à des comportements dangereux (non-port du casque, alcool, drogues).

Référence : BERNS G. S. *et al.*, « Neural mechanisms of the influence of popularity on adolescent ratings of music », *NeuroImage*, 49, 2687-2696 (2010).

LE PROCESSUS CÉRÉBRAL DE DÉCISION

La prise de décision fait référence à la capacité rencontrée chez les êtres humains et d'autres animaux, de choisir entre des options comportementales concurrentes voire antagonistes, en se fondant sur la valeur relative, ou plutôt sur *l'utilité* relative, de leurs conséquences respectives. Les économistes parleront alors « d'utilité » plutôt que de valeur en soi. On définira l'utilité attendue d'un consommateur, comme le produit de la valeur intrinsèque d'une option par sa probabilité d'occurrence (U = V x p). Par exemple, le gain d'un tirage à Euromillions (valeur intrinsèque élevée) présente une utilité faible (car cette valeur est associée à une probabilité très faible). Cette utilité correspond à ce qu'on appelle l'*espérance mathématique* en statistiques.

Choisir entre des options comportementales concurrentes suppose bien entendu une expérience préalable des options possibles (sauf pour certaines facultés présentes dès la naissance) et une capacité à mémoriser les événements antérieurs, en les classant selon leur importance (leur intensité) et leur valence ou innocuité (issue positive, je recommence ; issue négative, j'évite désormais). Autrement dit, des fonctions de rappel mémoriel, d'évaluation affective, de comparaison et de délibération sont nécessaires pour parvenir à un choix et une prise de décision. Tout dysfonctionnement dans l'un des modules cognitifs de remémoration, d'étiquetage affectif, de comparaison de valeurs et d'évaluation de probabilité entraînera des décisions sous-optimales voire irrationnelles et non-adaptées. Ces décisions sous-optimales peuvent résulter soit d'une prise de risque trop élevée (témérité financière par exemple) conduisant à une perte, soit d'une absence de prise de risque (pusillanimité financière) menant à un manque à gagner[1].

Pour autant, *l'homo sapiens sapiens* n'est pas *l'homo œconomicus* que l'on croyait. L'agent économique rationnel – en réalité utopique – a cédé la place à un consommateur adaptatif et flexible qui optimise ses choix compte tenu de ses informations et cognitions limitées. Le décideur dans l'entreprise ne fait pas exception : il est faillible et de nombreux écueils sont susceptibles de rendre ses choix sous-optimaux. Il doit d'abord assumer des biais pré-décisionnels et ensuite intégrer les conséquences du choix final, fussent-elles accompagnées de satisfaction ou de regret. Les biais pré-décisionnels sont nombreux : biais d'attribution, biais de croyance, biais de contexte, biais de conformisme ou de rationalisation, tous concourent à émousser l'acuité d'un raisonnement.

■ L'aversion au risque et l'anticipation d'une issue probable

Le Cardinal de Retz a dit un jour : « Il est bien plus naturel à la peur de consulter que de décider ». Nous dirions aujourd'hui que les émotions sont indispensables à une prise de décision « rationnelle » mais qu'elles peuvent inhiber cette dernière si elles sont trop intenses. Les neuroéconomistes et neurofinanciers ont étudié depuis quelques années les processus cérébraux qui sous-tendent la prise de décision financière. Selon certains théoriciens, la décision financière est l'aboutissement d'une délibération, d'une comparaison inconsciente, entre les avantages attendus (l'utilité d'un bien, la « récompense » qu'il apporte ; par exemple,

---

1. KUHNEN C. M. et KNUTSON B., « The Neural Basis of Financial Risk Taking », *Neuron*, 47, 763-770 (2005).

la jouissance légale consécutive à l'acquisition d'un bien) et les risques associés (l'existence de vices cachés et leurs conséquences négatives par exemple). Selon d'autres chercheurs, des zones bien spécifiques du cerveau permettent la représentation de cette « utilité » (valeur x probabilité) et de ses « risques associés ». Le cortex préfrontal ventromédian (BA 10) semble s'activer à la représentation d'une « récompense », c'est-à-dire lors de la prévision d'une issue positive faisant suite à un choix (une action) donnée. Le noyau accumbens (partie du striatum) pourrait coder la probabilité attendue d'une récompense, tandis que la valeur absolue (la magnitude, la grandeur de la récompense) serait codée par l'activation du cortex orbitofrontal[1]. C'est pourquoi l'on constate ce type d'activation lorsqu'on présente à des consommateurs des montres suisses, des voitures italiennes ou des polos américains.

L'aversion au risque fait partie des traits de personnalité, celle-ci évoluant avec l'âge et l'expérience personnelle. Certains individus prennent plus de risques que d'autres, soit en minorant (à tort) la magnitude ou l'ampleur des conséquences possibles du risque survenu, soit en surestimant leur propre capacité à les éviter ou à y faire face. Une structure corticale profonde – le cortex insulaire ou insula, BA 14 – s'active particulièrement lorsqu'un stimulus aversif, même hypothétique, est présenté. Il s'active quand on éprouve du dégoût ou que l'on rejette une option. Cette structure fait partie des « marqueurs somatiques » (comme les amygdales), modules du système nerveux qui « colorent » affectivement toute option comportementale possible ou toute délibération conduisant à une décision. Quand on dit « je l'ai senti dans mes tripes », c'est généralement l'activation de l'insula qui s'est manifestée et qui a influencé la sélection finale d'une option. Des individus impavides ou téméraires présenteront des activations atténuées des amygdales et de l'insula antérieure droite.

La prise en compte de ces éléments a conduit certains auteurs à modéliser et prévoir les probabilités d'achat de consommateurs envers certains types de produits. Il s'avère qu'une délibération (j'achète ou pas tel produit à tel prix) fera intervenir différentes structures déjà évoquées et l'activation la plus intense ou soutenue permettra de prédire l'issue de la délibération et donc le choix final[2]. Ce point est développé dans le Chapitre 9, qui traite de la variable prix[3].

---

1. Grabenhorst F. et Rolls E. T., « Different representations of relative and absolute subjective value in the human brain », *NeuroImage*, 48, 258-268 (2008).
2. Knutson B. *et al.*, « Neural Predictors of Purchases », *Neuron*, 53, 147-156 (2007).
3. Retrouvez sur www.dunod.com un développement complémentaire sur l'intuition.

▸ Le fait d'être un leader ou un suiveur est déterminé en partie par des facteurs génétiques (en particulier, relevant davantage de la personnalité que des capacités cognitives en tant que telles), qui ne s'exprimeront cependant de manière privilégiée que dans certains contextes ou conditions favorables qui permettront la manifestation de cette disposition. Sans surprise, des milieux chaleureux, affectueux, changeants et riches cognitivement seront les plus à même de favoriser l'émergence de qualités présentes en puissance. Cela signifie que certaines campagnes persuasives désirant mettre le consommateur en position de « héros » ou de « star » seront moins efficaces sur des personnes qui (même inconsciemment) ne souhaitent pas de tels statuts.

▸ Le groupe social des suiveurs est à présent davantage étudié et le suiveur est désormais considéré comme faisant partie intégrante d'un système dynamique de leadership, d'autant plus que le leadership (le management et la décision associée) est de plus en plus distribué et partagé dans l'organisation. De ce fait, le leadership est appréhendé comme un phénomène complexe et émergent dans les organisations ou entreprises.

▸ La conformité privée ou publique à des valeurs sociales partagées sera plus forte dans les cultures collectivistes (Chine) que dans les cultures de type individualiste (États-Unis). En effet, selon les cultures et les civilisations, les valeurs en matière d'égalitarisme, de solidarité, de rationalité (rejet du fatalisme), d'équité entre les sexes et de capacité d'adaptation (vs. traditionalisme) seront variables et parfois opposées (travaux de Geert Hofstede).

▸ Un niveau hiérarchique est perçu (inconsciemment) comme un nombre, un ordre de grandeur, le plus similaire sémantiquement étant le plus proche spatialement et le plus éloigné sémantiquement étant le plus lointain sur une ligne imaginaire graduée. Quand des gens modestes disent des nantis : « ces gens-là sont bien loin de nous », ce n'est pas seulement une métaphore mais un processus mental.

▸ Les décideurs sont plus ou moins sensibles ou averses au risque. Généralement, un « leader » aura un seuil d'aversion plus élevé. Ce degré d'aversion orientera les choix possibles vers des grandes options plus ou moins risquées. La perception du risque est une forme de coloration affective. Pensons à tous les produits et marques associés aux sports extrêmes (air, neige, mer) : leur promotion intègre à la fois un appel à la prise de risque et une assurance de sécurité (normes, matériaux, tests). ▸

▶ ▸ Une décision peut reposer sur un long processus conscient (individuel voire collectif) mais également sur une intuition ou, du moins, sur un choix presque « instinctif », apparemment spontané, entre différentes options possibles. En fait, le processus de pondération et de délibération intérieures, s'est réalisé sur un mode cognitif inconscient, dont seule l'issue finale est parvenue à la conscience. Pensons aux 60 % de références achetées dans les grandes surfaces et qui n'ont pas fait l'objet d'une planification initiale : la décision est prise en quelques dizaines de secondes tout au plus.

▸ La plupart du temps (hors contexte pathologique), les décisions prises s'approchent d'un optimum local (décisions relativement rationnelles et pragmatiques) compte tenu des contraintes ou des limites informationnelles. Cependant, cet optimum est souvent « brouillé » par des biais cognitifs pré-décisionnels qui sont nombreux. Lorsqu'une décision a été sous-optimale, le regret qui vient ensuite (une émotion négative modérée) permet un rééquilibrage du processus décisionnel (et du circuit de récompense).

▸ En cas de situation résolument nouvelle, le décideur optera pour une procédure séquentielle explicite de forme compensatoire (des attributs de jugement, pertinents pour le choix de l'option finale, se voient attribuer des pondérations plus ou moins fortes, puis des notes relatives à chaque option réaliste composant la délibération). Dans le cas d'un contexte de décision routinière – maintes fois rencontré – des « raccourcis » heuristiques (des décisions automatisées) sont davantage employés.

5 RÉFÉRENCES POUR ALLER PLUS LOIN

- BERNS G.S. *et al.*, « Neurobiological Correlates of Social Conformity and Independence During Mental Rotation », *Biological Psychiatry*, 58, 3, 1, 245-253 (2005).
- CAMPBELL A., WHITEHEAD J. et S. FINKELSTEIN, « Why Good Leaders make Bad Decisions », *Harvard Business Review*, February, 60-66 (2009).
- CAMPBELL-MEIKLEJOHN D.K. *et al.*, « How the Opinion of Others Affects Our Valuation of Objects », *Current Biology*, 20, 13, 1165-1170 (2010).
- GOLEMAN D. et R. BOYATZIS, « Social Intelligence and the Biology of Leadership », *Harvard Business Review*, 74-81 (2008).
- JIANG Q. *et al.*, « Neural correlates of the « Aha » experiences : Evidence from an fMRI study of insight problem solving », *Cortex*, 46, 3, 397-403 (2010).

Chapitre 5
UNE NOUVELLE APPROCHE DES ÉTUDES EN MARKETING

Ce chapitre approche de manière synthétique les grandes méthodologies d'études marketing, mais à travers le prisme des neurosciences. Il s'agit de replacer la biologie et la physiologie au centre des études, des observations et des mesures. Les problèmes essentiels du sondeur, du praticien marketing ou du chercheur en marketing sont de définir les bons instruments de mesure, de les utiliser à bon escient, puis d'optimiser la fiabilité et l'objectivité de la mesure. Jusqu'alors, la source principale de données objectives était l'observation (le nombre de voitures possédées, la fréquence d'achat d'huile végétale, le montant moyen d'un ticket d'hypermarché, etc.). La plupart des données recueillies par la voie verbale (questions/réponses) sont susceptibles d'être entachées de risques d'erreurs du fait des biais inhérents à ce type de collecte de données. L'approche neuroscientifique et les mesures objectives résultantes (avec les réserves habituelles qui s'imposent) peuvent apporter une certaine confiance en la réalité de certains phénomènes mesurés. Ces mesures objectives permettent de vérifier des concepts (en les validant ou les infirmant) et d'étalonner des instruments de mesure existants. Nous verrons quelques exemples de ce que l'on nomme la neurométrique[1], en particulier dans le domaine des émotions, omniprésentes dans une réflexion marketing.

Mots-clés
- Biais cognitifs
- Dominance
- Entretiens
- Échelles verbales
- Measures psychophysiques
- Méthodes projectives
- Test de Rorschach
- Test TAT

---

1. Par là, nous voulons dire l'obtention de nouvelles variables dépendantes métriques, qui viennent compléter celles recueillies plus classiquement par observation ou enquête.

FOCUS SUR LE CORTEX CINGULAIRE ANTÉRIEUR (BA 24) ET CORTEX CINGULAIRE ANTÉRIEUR DORSAL (BA 32)

Figure 5.1

Cortex cingulaire antérieur (gauche) et cortex cingulaire antérieur dorsal (droite)

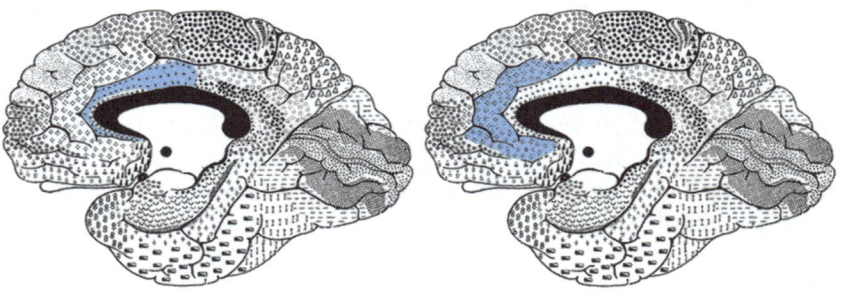

Source : http://brodmann.psyblogs.net/2009

Cette aire cérébrale semble être particulièrement impliquée dans des procédures ou des traitements de détection (c'est le « signal d'alarme ») : détection d'anomalie (un carré rouge parmi les verts), détection d'erreur (faute de frappe), détection de conflits (entre plusieurs hypothèses opposées). Les phénomènes « d'incongruence » (une extension surprenante de marque, par exemple) déclenchent en général cette région, il serait également impliqué dans le fonctionnement du circuit de récompense pour déterminer la magnitude d'une erreur éventuelle dans une procédure de choix (qu'est-ce que je risque?). D'une certaine manière, le cortex cingulaire antérieur participe de la volonté et du « libre arbitre », car il rapporte la situation courante au « soi » et détermine son niveau d'influence sur lui.

LES APPROCHES QUALITATIVES EN MARKETING

Étudier un phénomène, c'est tenter d'en déceler les régularités ou les redondances pour en comprendre la logique interne. Si elles n'existent pas, on a affaire à un phénomène purement aléatoire ou stochastique ; les phénomènes chaotiques, pour leur part, s'ils sont peu prévisibles dans l'absolu, du fait de leur sensibilité aux conditions initiales, permettent néanmoins d'être appréhendés par leurs optima locaux (attracteurs). Plusieurs techniques président à l'étude d'un phénomène : l'observation, l'expérimentation, la participation directe, la modélisation et la simulation numérique ou l'interrogation directe (les recensements ou les sondages). Bien sûr et avec des réserves, on peut citer l'introspection (cf. Chapitre 1) comme méthode d'investigation de phénomènes mentaux. Dans le contexte de cet ouvrage, nous évoquerons surtout l'interrogation directe qualitative et l'expérimentation.

Ce sont la plupart du temps des méthodes exploratoires, descriptives, qui visent à défricher un terrain encore mal connu ou codifié, concernant des attitudes, des styles de vie ou des pratiques d'utilisation. Traditionnellement, on inclut dans cette catégorie l'entretien approfondi, l'entretien semi-directif et les focus-groupes (réunions de groupe de consommateurs), toujours couramment employés.

◾ L'entretien approfondi

Ce genre d'approche – assez longue et coûteuse – nécessite une formation poussée et une pratique développée de la part de l'interviewer pour réaliser ce type d'entretien. Elle requiert en effet une attention positive inconditionnelle et une attitude empathique. Carl Rogers indiquait sur ce dernier point : « Le fait d'être empathique consiste à percevoir le cadre de référence interne d'une autre personne avec exactitude [...], comme si on était l'autre personne, mais sans jamais perdre de vue la condition « comme si » »[1]. Dans la mesure où il n'est pas jalonné de questions précises, l'entretien non-directif est plus long (jusqu'à une heure) et plus

---

1. ROGERS C., « A theory of therapy, personality and interpersonal relationships as developed in the client-centered framework », in KOCH, S. (ed.). *Psychology : A study of a science, Vol. III, Formulations of the person and the social context*, McGraw Hill (1959).

difficile à mener : il s'agit bien d'aborder les quelques grands thèmes préalablement définis, mais il faut également laisser toute latitude à l'interviewé dans ses modalités de réponse. Les mesures psychophysiques (dilatation pupillaire, EMG, réponse électrodermale) peuvent être ici des aides précieuses à l'analyse de contenu ultérieure, faite à partir d'un corpus enregistré et retranscrit. Bien que la validité écologique soit moins bonne (l'interviewé est « branché »), l'impact émotionnel vécu ou le degré d'implication réel envers une thématique, seraient mieux estimés.

▬ L'entretien semi-directif

Cette technique est mieux maîtrisable par les consultants de cabinets d'étude, car tout en laissant une certaine liberté à l'interrogé(e) pour s'exprimer, l'entretien – généralement plus court que l'entretien approfondi – suit des étapes préétablies et obligatoires. Le rôle de modérateur consiste à s'assurer que le fil de la conversation ne s'aventure pas au-delà des thèmes prévus pour chaque point de l'entretien. Ici également, les mesures psychophysiques peuvent être un complément précieux.

▬ La méthode des protocoles

Pour être bref, cette méthode consiste à observer un consommateur dans un contexte « naturel » (un magasin, la rue, etc.) en lui faisant verbaliser tout ce qu'il lui vient à l'esprit. Cette technique suppose un apprentissage préalable (on ne pense pas facilement à tout dire à haute voix en permanence) et un biais inhérent : on fait l'impasse sur les pensées (les cognitions) qui ne passent pas le seuil de la conscience. Une consommatrice, par exemple, est filmée et enregistrée, tandis qu'elle parcourt les étals d'un marchand de chaussures et qu'elle décrit, évalue, critique ou admire telle ou telle paire. Une phase de transcription et d'analyse de contenu est là aussi nécessaire.

Des alternatives ou des compléments utiles à cette méthode des protocoles empruntent aux neurosciences : il s'agit de l'EEG-PE portable (potentiels évoqués) et de la spectroscopie en proche infrarouge (NIRS ; *Near-Infrared Spectroscopy*). Le sujet continue à commenter ses faits et gestes, mais son activité cérébrale est aussi enregistrée et des corrélations peuvent être décelées (surprise dans la voix et réduction des ondes alpha par exemple). Luu et Chau[1] se sont servis de la technique NIRS (cf. Chapitre 1) pour prédire (à 80 % de réussite contre 50 % pour le simple hasard) des préférences lors de choix forcés entre deux options de produits (cf. Figure 5.2).

La prévision des préférences par NIRS

Figure 5.2

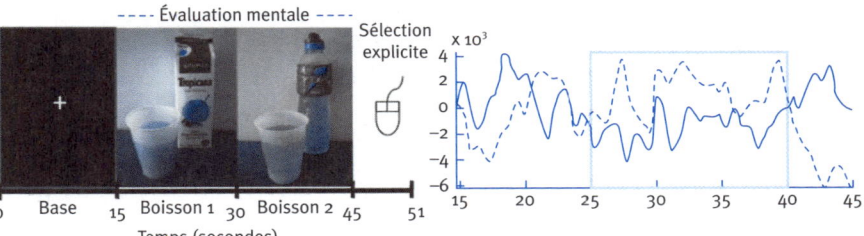

L'image de gauche montre le paradigme expérimental (2 produits successivement présentés durant 15 secondes suivies d'une décision de préférence). Les tracés de droite montrent la différence entre le produit choisi (ligne pleine) et le produit classé second (ligne pointillée).

Source : Luu et Chau, 2009

Ces deux techniques permettent donc de mesurer en temps réel (de manière plus fruste cependant que l'imagerie classique) les variations d'activations du cortex pendant qu'un individu réalise des tâches usuelles ou ordinaires. La miniaturisation permet désormais le port d'un simple bonnet (éventuellement placé sous une perruque, pour plus de discrétion) ou d'un bandeau EEG accompagné d'un boîtier-enregistreur à la ceinture.

Les réunions de groupe

Les focus-groupes consistent à « inviter » des consommateurs – si possibles ignorants du thème de la discussion – et à les interroger collectivement afin de bénéficier d'une dynamique de groupe et ainsi, de déceler des items qualitatifs (freins, envies, rejets, etc.) qui n'auraient peut-être pas émergés lors des entretiens individuels. Bien sûr, ces consommateurs ont un lien direct avec la finalité de l'étude : parce qu'ils appartiennent au cœur de cible, parce qu'ils sont consommateurs réguliers de la marque ou

1. LUU S. et CHAU T., « Decoding subjective preference from single-trial near-infrared spectroscopy signals », *Journal of Neural Engineering*, 6, 1, 16003, doi : 10.1088/1741-2560/6/1/016003 (2009).

au contraire, non consommateurs relatifs du produit générique, etc. Ces réunions de groupe visent souvent l'un des quatre grands objectifs possibles (mais qui sont poursuivis distinctement) : les études exploratoires de styles de vie, les tests de concept, les études d'usage ou d'habitude et les tests publicitaires. Dans les réunions de groupe de consommateurs (8 à 12 participants appartenant à un cœur de cible particulier), l'animateur, qui a préparé et rédigé son guide d'animation, va alterner des phases de discussion rationnelle et des phases dites « projectives ». Ces dernières comprennent des jeux, des tests, des associations d'idées, des phases de créativité manuelle (dessins, collages), et sont collectivement appelées tests projectifs.

Les tests projectifs

À l'origine, Frank[1] a forgé en 1948 le terme de « tests projectifs » car il les comparait à des sortes de rayons X psychologiques qui pourraient donner des aperçus fugaces des processus mentaux, jusqu'alors inobservables. Ces tests projectifs (qui ne portaient donc pas encore ce nom) remontent aux premières applications psychanalytiques employées par la « recherche motivationnelle » (*motivational research*, MR), créée à la fin des années 1930 et qui fut très en vogue dans les années 1950 aux États-Unis. Les figures de proue de la « MR » furent Cheskin (Color Research Institute of America) et Dichter (Institute for Motivational Research). Les techniques projectives « fournissent les stimuli verbaux ou visuels qui incitent les répondants (de par leur imprécision et la dissimulation de leur intention réelle) à révéler leurs sentiments et leurs attitudes cachés, sans qu'ils aient conscience de le faire »[2]. Ces techniques, un peu passées de mode, sont peu utilisées par les publicitaires aux États-Unis[3] mais seraient susceptibles de connaître un regain d'intérêt si certaines d'entre elles étaient validées par des études neuroscientifiques[4].

---

1. FRANK L. K., *Projective Methods*, Thomas (1948).
2. WILL, V., EADIE, D., et MACASKILL, S., « Projective and enabling techniques explored », *Marketing Intelligence and Planning*, 14, 38-43 (1996).
3. SOLEY L., « Reassessing Projective Techniques », *Proceedings of the American Advertising*, NOWAK G. (ed.), Cincinnati, Ohio, March 26-29 (2009).
4. Retrouvez sur www.dunod.com un développement complémentaire sur les tests projectifs.

Parmi les tests les plus connus, on peut citer le *Thematic Apperception Test* (TAT), le test des taches de Rorschach, le test « *Draw-a-Person* » (DAP ; dessine-moi une personne), et la technique de complétion de phrases de Washington. De manière complémentaire, des cabinets d'études marketing peuvent recourir à d'autres tests tels que le portrait chinois, le portrait-robot, la troisième personne, le conseil d'administration, etc. Comment résumer ces principales techniques projectives utilisées ? Will, Eadie et MacAskill distinguent quatre grands types de techniques qui sont résumés dans le Tableau 5.1.

Typologies des techniques projectives, d'après Smith et Albaum[1]. Tableau 5.1

Technique employée	Réponses attendues
Construction ■ Test de substitution d'item ■ *Thematic Apperception Test* (TAT)	Le répondant doit décrire ou répondre à la place d'un personnage placé dans une situation supposée.
Association ■ Test d'association de mots ■ Techniques projectives auditives ■ Taches de Rorschach	Le répondant doit répondre au stimulus par le premier mot, image ou élément qui lui vient à l'esprit.
Complétion ■ Test de complétion de phrases	On donne au répondant une situation, une image ou une expression incomplète et il doit la compléter d'une manière quelconque.
Expression ■ Techniques de dessin, collage ■ Jeux de rôle	Le répondant s'exprime par l'imagination à partir d'un thème de départ.

▶ **Les tâches de construction**

Les tâches de construction sollicitent de la part des sujets d'imaginer des comportements ou des événements, voire de « se mettre à la place » de personnages. Par exemple, dans un article de 1964, Steele montre deux personnages, Madame A (svelte) et Madame B (forte) et s'enquiert de

---

1. SMITH S. M. et ALBAUM G. S., *Fundamentals of Marketing Research*, Sage Publications, (p. 250) (2004).

savoir « qui de Mme A ou de Mme B boit le plus de lait ou possiblement si elles en boivent autant »[1].

Les techniques d'imagerie cérébrale permettent à présent de comprendre biologiquement ce que signifie s'imaginer faire quelque chose, se mettre à la place de quelqu'un ou imaginer que quelqu'un fasse quelque chose. C'est ce que l'on nomme les cognitions à la première (je) ou à la troisième personne (il/elle).

Des études françaises ont montré qu'une réflexion égocentrée (orientée vers soi) active davantage les structures médianes du cerveau (cortex somatosensoriel) qui sous-tendent la représentation de soi. À l'inverse, supposer les croyances d'autrui (se mettre « à la place » de quelqu'un) entraîne l'inhibition de la représentation de soi, par l'activation du cortex exécutif latéral (photo de droite). D'une certaine manière, le fonctionnement « par défaut » du cerveau est orienté vers l'organisme (lui-même, conformément au premier niveau motivationnel de Maslow) et il faut un effort cognitif supplémentaire pour traiter des signaux externes[2]. La « caméra subjective » au cinéma utilise cette propriété.

Autre tâche de construction, le *Thematic Apperception Test* (imaginé en 1935 par Henry Murray et Christiana Morgan) consiste à présenter au sujet des planches, des vignettes, illustrant des situations ambiguës (cf. Figure 5.3, ci-dessous) qu'il convient de décrire et d'expliquer. Dans l'exemple qui suit, on peut imaginer (dans le désordre) : un homme fatigué qui doit partir au travail au petit matin, un assassin qui pleure sa maîtresse, un amant qui attend une surprise en comptant jusqu'à dix, un médecin désabusé qui ne supporte plus son sacerdoce, etc. Selon les réponses données aux 31 planches du test, un profil psychologique est défini. Nous avons vu dans le Chapitre 3 que des grands traits de personnalité correspondaient à des structures ou des physiologies cérébrales particulières. Il reste à mener des travaux de rapprochement.

---

1. STEELE H.S., « On the Validity of Projective Questions », *Journal of Marketing*, 1, 3, 46-49 (1964).

2. RUBY P. et DECETY J., « What do you believe versus what do you think they believe », *European Journal of Neuroscience*, 17, 11, 2475-2480 (2003).

Une planche du TAT (*Thematic Apperception Test*)   Figure 5.3

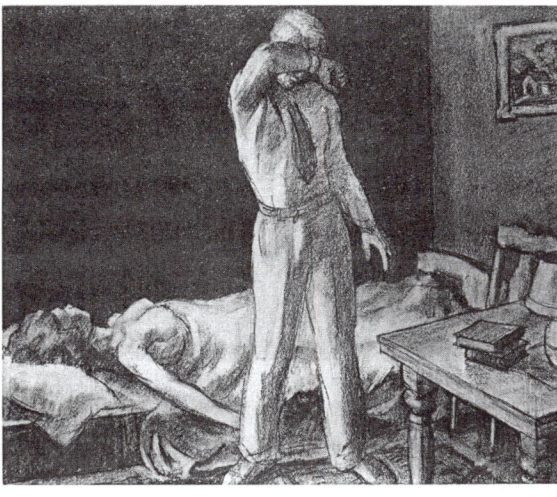

▶ Les tâches d'association

Les tâches d'association demandent par exemple d'associer spontanément à un objet présenté le premier mot, la première image ou la première pensée qui vient à l'esprit[1]. Une autre tâche d'association consisterait à donner à la fois une marque (ou un concept) et tout un jeu de magazines, accompagné de colle et d'une paire de ciseaux : chaque participant doit réaliser un collage dont la vue d'ensemble correspond le mieux à la marque ou au concept[2]. Un des tests les plus connus (et des plus critiqués) dans cette catégorie est le test des taches d'encre de Rorschach (voir Chapitre 1).

Le recours à de telles techniques pour des approches qualitatives marketing n'est pas vraiment conseillé, sans une solide expérience psychanalytique, pour le moins[3].

---

1. Steinman R. B., « Projective Techniques in Consumer Research », *International Bulletin of Business Administration*, 5, 37-45 (2009).
2. Havlena W. J. et Holak S. L., « Exploring Nostalgia Imagery Through The Use Of Consumer Collages », *Advances in Consumer Research*, 23, 35-42 (1996).
3. Retrouvez sur www.dunod.com un développement complémentaire sur le test de Rorschach.

▶ Les tâches de complétion

Les tâches de complétion consistent par exemple à imaginer des fins de phrases plausibles pour terminer les débuts de phrase proposés. L'animateur peut proposer par exemple : « acheter le midi un plat cuisiné micro-ondable pour manger au bureau, c'est… ». Rotter[1] a posé les bases de cette catégorie de tests. Il s'agit en fait d'activer les réseaux sémantiques des participants.

Une variante de ce type de tâches est dénommée test de « frustration picturale », créée par Rosenzweig[2]. Les personnages ne sont pas identifiables clairement mais ils plantent le décor d'une situation frustrante ; un personnage s'exprime et on doit ici aussi imaginer la réponse du second personnage (voir la Figure 5.4). Ce test est assez efficace dans un contexte marketing pour projeter des croyances ou des attitudes à l'égard d'une marque ou d'une entreprise. On peut imaginer un dialogue au comptoir d'un service après-vente d'une grande enseigne, etc. Là également, la personne interrogée peut réfléchir à la première ou à la troisième personne.

En général – et au-delà de l'opinion même que l'on se fait de telle ou telle technique – l'utilité ou la véracité des résultats reposent en bonne partie sur la sincérité et la bonne foi supposées des sujets. Si ces derniers dissimulent des pensées, des avis, des premières intentions, l'interprétation des tests sera faussée et leur finalité même sera illusoire. En outre, la publicité faite autour de certaines techniques (revues de vulgarisation psychologique, émissions télévisées, sites Internet, voire pastiches cinématographiques) les rend encore plus vulnérables aux fraudeurs. Le psychopathe va-t-il vraiment dire qu'il voit un corps écartelé dans une tache de Rorschach, ou plus probablement qu'il décèle un papillon ou une poupée ?

---

1. ROTTER J. B., « The Incomplete Sentences Test as a Method of studying Personality », *Journal of Consulting Psychology*, 11, 1, 43-48 (1947).
2. ROSENZWEIG S., « The Picture-Association Method and Its Application in a Study of Reactions to Frustration », *Journal of Personality*, 14, 3-23 (1945).

Exemple du test de frustration picturale

Figure 5.4

Le test de Rosenzweig est censé évaluer des capacités de résilience et de résistance au stress (http://www.intelligence-creative.com/450_resilience_creative.html).

De manière décisive, les techniques neuroscientifiques permettent désormais de faire la part des choses, entre le déclaré et le ressenti ou vécu.

Pour des raisons éthiques évidentes, ces technologies sont décriées ou condamnées dans certains pays mais déjà utilisées ailleurs (États-Unis ou Inde) dans des cadres judiciaires et pénaux. Il est en effet possible de déterminer avec une assez bonne précision (qui n'ira qu'en s'améliorant) si une personne ment ou dit la vérité, pour la bonne raison qu'un mensonge nécessite un effort cognitif plus grand : dire la vérité est le « mode standard » du cerveau, la déformer nécessite la mobilisation de davantage de modules cognitifs[1].

---

1. Retrouvez sur www.dunod.com un développement complémentaire sur le mensonge volontaire.

L'EXPÉRIMENTATION ET LE PROBLÈME DE LA MESURE EN MARKETING

Depuis toujours, lorsqu'on cherche à comprendre un phénomène, on s'efforce d'évaluer chacune de ses composantes (réductionnisme méthodologique). Cette évaluation passe par le choix d'une grandeur mesurable et de son unité (la taille en centimètres), puis par celui d'un instrument adéquat (une toise), ensuite par une phase effective de mesure de sujets ou d'objets « représentatifs » (passage sous la toise). En fonction des construits étudiés ou des contextes présents, les mesures peuvent se concevoir en temps réel ou en différé (*ex post*).

Que peut-on mesurer et à quelles conditions ?

Selon Barlow et Durand[1], trois concepts déterminent la valeur d'une mesure ou d'une évaluation : la validité, la fiabilité et la robustesse. La validité est constatée lorsqu'on est certain de ce qu'on mesure effectivement et avec quelle précision. La fiabilité est constatée lorsque des mesures répétées sont cohérentes entre elles (d'où l'importance des tests et des re-tests). La robustesse fait référence au fait que les mesures évaluent bien les mêmes construits, quelles que soient les époques et les populations interrogées.

Certaines mesures seront dites objectives lorsqu'on peut rendre métrique un construit et le mesurer directement sans (ou avec peu) interférences : par exemple, la « température » correspond à une réalité physique (le degré d'agitation des molécules au sein d'un milieu), avec un « zéro naturel » qui correspond à l'absence du phénomène (0° Kelvin ou -273,15°C) ; un thermomètre mesure ce degré d'agitation ; la marque du réfrigérateur n'influence pas la qualité de mesure du thermomètre qui y est placé. Par contre, interroger des êtres humains sur leurs cogitations et leurs attitudes nécessite l'utilisation d'un langage, de questions, de réponses possibles ou de modalités de codification des réponses possibles, ce qui rend la mesure indirecte et subjective.

---

1. BARLOW D. H. et DURAND V. M., *Abnormal Psychology, An Integrative Approach*, Thomson (2004).

Mesures quantitatives objectives

Plus concrètement, les techniques actuelles neuroscientifiques, à la fois psychophysiques et d'imagerie cérébrale fonctionnelle, répondent précisément au problème de la mesure objective (i.e. sans perturbation de la part de l'observateur ou de celle de l'instrumentation utilisée), problème constaté dans diverses disciplines (sciences humaines ou sociales), dont le marketing en particulier et ce, depuis l'origine[1]. En effet, les chercheurs en marketing se heurtent à plusieurs types d'écueils, les biais cognitifs, surtout lors d'interrogations directes et de réponses verbales (voir l'encadré En pratique sur les biais cognitifs).

Les biais cognitifs lors des interviews　　En pratique

- Biais de la mesure verbale : le consommateur doit se livrer à l'introspection pour pouvoir exprimer oralement ou par écrit le contenu de sa seule conscience auto-noétique (l'inconscient est inaccessible).
- Biais cognitif de rationalisation : des cognitions idéomotrices (des pensées qui supposent un mouvement ; notion de vitesse ou de direction, par exemple) ne peuvent être fidèlement traduites sémantiquement ; une partie de l'information produite est donc supprimée ou déformée.
- Biais de conformisme (social) : certains individus souhaitent ressentir un sentiment d'appartenance (envers un groupe, une tribu, une organisation, une marque) et ne peuvent/veulent afficher des valeurs ou des attitudes qui divergent par rapport aux normes établies de la communauté de référence.
- Biais de verbalisation : certaines cognitions perceptuelles (couleurs, odeurs, émotion, etc.) sont hors de portée du langage conventionnel. La description d'un percept ou d'un souvenir iconique ou idéique est donc simplifiée et réduite.
- Biais de non-réponse : un consommateur interrogé peut refuser de répondre à une question, s'abstenir de donner toutes les réponses ou même altérer la véracité de sa réponse.
- Biais d'attribution : selon la personnalité de l'individu (style cognitif), son « lieu de contrôle » et son rôle contextuel, la cause d'événements l'impliquant sera attribuée à des antécédents endogènes ou exogènes.
- Biais lié à la solidité d'une croyance : des schèmes de causalité (innés ou acquis) orientent l'interprétation donnée à un événement et ses antécédents. Ainsi, un athée ne peut attribuer un « miracle » à une cause divine, ▶

---

1. DROULERS O. et ROULLET B., « Émergence du Neuromarketing : Apports et Perspectives pour les Praticiens et les Chercheurs », *Décisions Marketing*, 46, 9-22 (2007).

▶ de même qu'un croyant ne peut accepter l'épilepsie temporale comme seule cause de l'extase mystique.

- **Biais de contexte (dépendance au champ) :** un élément périphérique ou implicite d'une représentation peut influer sur le traitement perceptif ou cognitif de son élément central.

La plupart des mesures psychophysiques (réponse électrodermale, rythme cardiaque, électromyographie faciale, pression artérielle, dilatation pupillaire, etc.) permettent la mesure de phénomènes (surtout cognitifs et/ou affectifs), en partie hors du contrôle volontaire du sujet (non entraîné). Les mesures réalisées par imagerie cérébrale fonctionnelle peuvent être considérées comme objectives car le sujet n'a aucun contrôle effectif et volontaire sur le fonctionnement de son cerveau : les yeux ouverts, on ne peut s'empêcher de voir un logo ou un produit et on ne peut s'empêcher de le classifier, de l'identifier et de l'évaluer, même implicitement. Une liste illustrant la variété des techniques et leur application possible en marketing est présentée dans le Tableau 5.2.

Tableau 5.2   Variété des techniques de mesure objective en neuromarketing

Technique utilisée	Thématique Marketing
EEG/potentiels évoqués	Impact pub
Poursuite oculaire (*eye tracking*)	Saillance pub
Réponse électrodermale (RED)	Activation
Électromyographie faciale (EMG)	Valence
Pouls/pression artérielle	Activation
Pléthysmographie (rythme respiratoire)	Impact pub
Dilatation pupillaire	Impact pub
Stimulation magnétique TMS	Décision jeu ultimatum
Analyse fréquences vocales	Valence émotionnelle
MEG	Décision achat
fMRI	Marque et récompense

▬ Complémentarité des méthodes neuroscientifiques et marketing

Au-delà de la mesure objective qui est recherchée au premier titre, les techniques de mesure neuroscientifiques permettent également la validation ou l'invalidation de certains construits (des concepts théoriques de la discipline) ou de certaines échelles, qu'elles soient marketing ou microéconomiques.

▸ Validation d'échelles verbales

À titre d'exemple, nous pouvons évoquer une étude récente, qui a eu recours à la fois à des échelles éprouvées pour mesurer certains construits, mais aussi à l'imagerie cérébrale pour conforter le bien-fondé (ou montrer le caractère fallacieux) de ces mêmes échelles.

Sémantique différentielle[1]

Depuis une cinquantaine d'années, des échelles verbales appelées sémantiques différentielles sont régulièrement utilisées pour apprécier l'attitude globale que l'on peut éprouver à l'égard d'un objet ou d'un produit. Le principe est de proposer des paires d'objectifs opposés sur une échelle (risqué-sûr; prosaïque-rêveur; brouillé-clair; etc.) et de demander où se situe intuitivement la marque. Des analyses factorielles permettent ensuite de représenter l'attitude envers l'objet ou la marque sur plusieurs axes se résumant souvent à trois grandes dimensions : la valence (bon-mauvais), la potentialité (faible-fort) et l'activité ou la dominance (actif-passif). Schaefer et Rotte ont eu l'idée de faire évaluer divers médicaments (analgésiques) à l'aide de ces échelles et en soumettant les mêmes sujets à des évaluations en scanner. Il ressort de cette étude que deux dimensions sont confortées par l'activation de deux structures cérébrales distinctes : la valence, qui covarie positivement avec le cortex préfrontal médial et la potentialité qui covarie négativement avec le gyrus frontal supérieur (plus le médicament est jugé « puissant », plus le GFS se désactive).[2]

---

1. SCHAEFER M. et ROTTE M. (2010) « Combining a semantic differential with fMRI to investigate brands as cultural symbol », *Social Cognitive et Affective Neuroscience Advance Access*, doi :10.1093/scan/nsp055.
2. Retrouvez sur www.dunod.com un développement complémentaire sur l'échelle de personnalité de marque.

▶ **Validation ou infirmation de concepts théoriques**

Pour illustrer l'utilité des techniques neuroscientifiques pour tester et valider des échelles conçues empiriquement, nous donnerons un exemple récent touchant à l'affect.

Structure dimensionnelle de l'émotion[1]

Les travaux des psychologues de l'environnement et des psychologues cogniticiens ont souvent porté sur l'émotion humaine et sur la source de leur existence, et ce depuis la création de la psychologie. Le débat se poursuit quant à la nature exacte de l'émotion (sans que l'origine biologique soit mise en cause). Deux grandes approches cohabitent : l'approche catégorielle qui considère qu'il existe des émotions basiques (colère, honte, peur) et l'approche pluridimensionnelle qui suppose qu'un état affectif quelconque est la résultante de dimensions sous-jacentes plus fondamentales. Selon les auteurs qui soutiennent la seconde position, l'affect est composé de deux ou trois de ces dimensions : l'activation (ou excitation) et la valence hédonique (ou évaluation), auxquelles s'ajoute parfois le concept de dominance, qu'il faut entendre comme le contrôle ou la maîtrise que l'on a de l'environnement immédiat (échelle PAD). Sur ces prémisses, plusieurs échelles ont été bâties et testées, dont une échelle iconique AdSAM© (sous forme de dessins) représentant les trois dimensions. Morris et ses collègues ont soumis des sujets à des publicités télévisées qu'ils devaient évaluer dans un scanner IRMf. Ces mêmes spots étaient également jugés avec l'échelle AdSAM© comme positifs ou négatifs (valence), très activants ou non, très impressionnants ou non. Selon les résultats des chercheurs, la valence est associée aux activations du gyrus frontal inférieur et du gyrus temporal médian ; de même, l'excitation est associée aux activations droites du gyrus temporal supérieur (voir Focus Chapitre 4) et du gyrus frontal médian. La dominance n'était pas clairement corrélée à des activations cérébrales particulières. Le fait d'avoir trouvé des corrélats neuronaux aux construits préexistants donne davantage de poids à l'échelle PAD[2].

---

1. MORRIS J. D. *et al.*, « Mapping a Multidimensional Emotion in Response to Television Commercials », *Human Brain Mapping*, 30, 789-796 (2009).
2. Retrouvez sur www.dunod.com un développement complémentaire sur l'effet de dominance asymétrique.

Une méthode va-t-elle remplacer l'autre ?

Nous pensons que les techniques mercatiques traditionnelles ont encore de beaux jours devant elles car elles demeurent une alternative valide et compétitive pour de nombreuses problématiques qui se posent au chercheur ou au praticien. Richard Silberstein, PDG du cabinet Neuro-Insight, déclarait en avril 2010 : « alors que je suis persuadé que les méthodologies neuromarketing valides apporteront de substantielles contributions à l'industrie publicitaire, je ne crois pas qu'elles supplanteront les techniques actuelles. Les deux sont complémentaires et nous avons montré que [des techniques EEG] renforçaient l'efficacité de techniques qualitatives telles que les focus-groupes ».

Pour sa part, le Dr Lewis, directeur de recherche au sein de Mindlab International Ltd., est persuadé que la « neurométrique » contribuera à révéler ce qui attire ou non l'attention du consommateur, ce qui suscite ou non des émotions en eux et ce qui sera remémoré ou oublié par la suite[1].

À RETENIR

▶ L'approche neuroscientifique permet d'arbitrer entre certaines théories ou concepts, psychologiques ou marketing, en les confirmant ou en les infirmant. Par exemple, les concepts de « dissonance cognitive » ou de « personnalité de marque » peuvent être confrontés à des expérimentations psychologiques soumises à imagerie cérébrale permettant d'observer (ou non) certaines activations, cruciales à leur édification, indiquant si la notion repose sur un substrat biologique ou pas.

▶ Le recours à des techniques plus objectives permet de contourner certains biais cognitifs qui altèrent la véracité des mesures prises en cours d'entretiens ou de sondages. Ainsi, une marque de déodorant a maintenu la version d'un spot publicitaire montrant un éphèbe musclé, malgré les jugements négatifs affichés par les consommatrices-testeuses : leur réaction cérébrale montrait un contentement compatible avec le positionnement de la marque.

▶ La neuroimagerie permet une mesure objective (sous réserve d'une interprétation valide des résultats) des niveaux d'activation cérébrale, ▶

---

1. LEWIS D., « Understanding Neuromarketing : What Brain Imaging Reveals about the Way Consumers' Minds Work », www.themindlab.org (2009).

▶ qui sont corrélés à certaines tâches cognitives. Cette métrique permet d'obtenir une variable dépendante dans les études exploratoires et confirmatoires.

▸ Sans les remplacer ou les disqualifier, la neuroscience du consommateur peut valider ou renforcer la validité de certaines échelles verbales existantes et contribuer à en développer de nouvelles. Certaines impressions ou sensations du consommateur sont indicibles ou intraduisibles et sont par conséquent perdues lors de questionnaires verbaux. La métrique biologique permet de conserver et traiter ces réactions non verbales.

5 RÉFÉRENCES POUR ALLER PLUS LOIN

- HUBERT M., « Does Neuroeconomics Give New Impetus to Economic and Consumer Research ? », *Journal of Economic Psychology*,/doi : 10.1016/j.joep.2010.03.009 (2010).
- BABA S., « Emotions, Decisions, and the Brain », *Journal of Consumer Psychology*, 17, 3, 174-178 (2007).
- BURKE, K.A. *et al.*, « The role of the orbitofrontal cortex in the pursuit of happiness and more specific rewards », *Nature*, 454, 340-344, doi :10.1038/nature06993 (2008).
- SENIOR C. et LEE N., « A manifesto for neuromarketing science », *Journal of Consumer Behaviour*, 7, 4-5, 263-271 (2008).
- WILSON R.M., GAINES J. et HILL R.P., « Neuromarketing and Consumer Free Will », *Journal of Consumer Affairs*, 42, 3, 389-410 (2008).

Chapitre 6

NEUROSTRATÉGIE MARKETING : SEGMENTATION, CIBLAGE ET POSITIONNEMENT DE L'OFFRE

C e chapitre, qui conclut la partie consacrée à la phase stratégique du marketing et aux fonctions cognitives qui sont sous-jacentes, traitera des phases critiques de la politique marketing : la segmentation, le ciblage et le positionnement. Quelle place souhaite-t-on occuper dans l'esprit des consommateurs-cibles ? L'entreprise veut-elle être perçue comme le leader incontesté ? Le challenger innovateur ? Le moins cher, le plus grand offreur, l'hyper-spécialiste, le plus accessible ? Il s'agit de savoir quels sont les attributs et les typologies habituels forgés par la base-consommateurs pour identifier les offres, puis de déterminer la place – si possible exclusive et distincte – que l'on souhaite occuper dans l'univers mental des acheteurs, en s'assurant naturellement de sa cohérence et de sa crédibilité, au regard des grandes actions opérationnelles entreprises dans les domaines de l'offre, de la tarification, de la distribution et de la communication.

Mots-clés
- Ciblage
- Dissonance
- Genre
- Positionnement
- Segmentation
- Valeur
- Valuation

FOCUS SUR LE CORTEX ORBITOFRONTAL (BA 11 ET BA 12)

Le cortex orbitofrontal fait partie du système émotionnel de l'individu. Il est crucial pour l'encodage de l'information, en particulier dans sa composante affective (attribution d'une valence, d'une évaluation positive ou négative). Il permet d'affecter une valeur hédonique aux renforceurs primaires que sont le goût, l'expression faciale ou le toucher par exemple, et de les associer par le biais d'apprentissages à d'autres stimuli qui peuvent être plus abstraits (une marque, un produit) pour fournir des représentations de valeurs attendues (des récompenses, matérielles ou virtuelles), y compris en termes monétaires. Il permet donc à l'individu de se fixer des buts à atteindre et d'orienter son processus de décision. Des tests de packaging, de design, des expérimentations de neuroesthétique reposent sur les activations de cette zone, pour déterminer l'attrait réel que des objets exercent sur elle.

Figure 6.1

Le cortex orbitofrontal

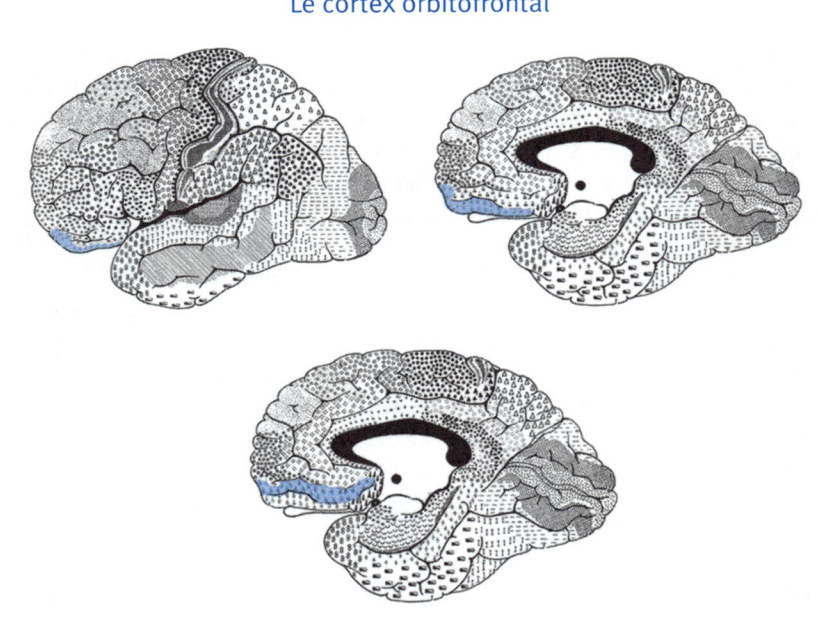

Source : http://brodmann.psyblogs.net/2009

SEGMENTATION ET CIBLAGE DU MARCHÉ

Pour ne pas disperser ses efforts marketing, il convient d'identifier des groupes de consommateurs les plus homogènes et stables possibles, auprès desquels on peut présenter des offres identiques ou similaires, qui satisferont les mêmes besoins. Seuls quelques rares produits indifférenciés peuvent se passer d'une stratégie de positionnement[1]. Mêmes des produits globaux, vendus mondialement, dont la marque est internationale et qui semblent être identiques quels que soient les marchés, sont en fait « glocaux » (globaux et locaux) car ils intègrent des spécificités locales malgré leur communication mondiale. Par exemple, un café instantané lyophilisé en Argentine, apparemment identique à son homologue français, est pourtant présucré.

La difficulté réside dans le choix judicieux et pertinent du ou des critères de segmentation possibles, qui vont permettre de déceler dans une population des typologies plus homogènes. Les caractéristiques psychologiques, personnelles, psychographiques[2], sociodémographiques des individus peuvent être prises en compte.

Les neurosciences peuvent contribuer à mieux nous faire réfléchir sur ces clés possibles de segmentation, voire parfois à nous permettre un clivage pertinent de groupes sociaux, jusqu'alors perçus comme unitaires et indifférenciés.

■ Une segmentation par le processus cognitif d'évaluation

Un exemple d'étude en neuroimagerie illustre le fait que des opinions communes sur des marques peuvent révéler des traitements cognitifs antagonistes, sous-tendant des motivations inconscientes opposées. Ces traitements différents permettent précisément de distinguer des consommateurs, similaires dans leurs jugements, à tous autres égards. Des consommateurs affichant verbalement les mêmes appréciations à l'égard de marques connues ont pourtant deux manières spécifiques de les traiter

---

1. C'est en 1956 qu'on évoque explicitement le concept de positionnement : SMITH W., « Product Differentiation and Market Segmentation as Alternative Marketing Strategies », *Journal of Marketing*, 21, 1, 3-8 (1956).
2. Qui se rapportent aux croyances ou aux valeurs, aux styles de vies, aux traits de personnalité des consommateurs.

et d'agir envers elles. L'imagerie a ainsi décelé des typologies non détectables par les moyens classiques d'investigation (voir En Pratique : « Une segmentation invisible »). Des consommateurs apparemment homogènes dans leurs attitudes pouvaient ainsi abriter des motivations opposées.

Une segmentation invisible

Une étude d'imagerie cérébrale (IRM fonctionnelle) réalisée en 2005 par le laboratoire de neuroscience cognitive sociale de l'Institut de Technologie de Californie (CalTech) a consisté à soumettre passivement 22 consommateurs âgés de 18 à 30 ans, à des marques connues de produits, à enregistrer leurs réponses cérébrales, puis à les faire évaluer ces mêmes marques par des échelles.

Dix catégories de produits signifiants (lunettes de soleil, chaussures, automobiles, montres, parfums etc.) ont été constituées. Pour chaque catégorie de produits, 5 marques à fort capital (*brand equity*) étaient présentées, de même que 5 marques à faible capital (ou estime). Tous les produits et les marques avaient été évalués par un panel de 20 designers professionnels. Par exemple, dans la catégorie « automobile », pouvaient s'opposer Audi (marque perçue très favorablement) et Oldsmobile (marque de General Motors exploitée jusqu'en 2004 et perçue défavorablement par le panel).

Après le scan en IRM fonctionnelle, toutes les marques étaient évaluées sur une échelle de 1 à 5, indiquant si la marque était « cool » ou non. Les résultats verbaux homogènes ne permettaient aucune différentiation entre sujets. Autrement dit, les consommateurs semblaient partager les mêmes opinions à propos des marques (bonnes ou mauvaises) et approcher de la même façon les produits arborant ces marques. En fait, la réalité était plus complexe. ▶

▶ Le groupe apparemment homogène de consommateurs de moins de trente ans pouvait en fait constituer deux sous-groupes distincts : un groupe de sujets étudiés qui réagissait positivement aux marques qui les valorisent (et peu aux autres), et l'autre groupe de sujets qui réagissait négativement aux marques qui risquaient de les déclasser socialement (et peu aux autres).

Le premier cliché d'activation ci-dessous montre les activations moyennes constatées pour le premier groupe, que les chercheurs ont appelé les « optimistes ». Les logos de marque ne sont présents que pour repérer les conditions expérimentales.

On constate que les « optimistes » ne réagissent pas à l'exposition d'une marque jugée négativement (panneau de droite). Par contre, à l'exposition de marques jugées positivement, les sujets réagissent fortement dans deux zones principales : l'aire de Brodmann 10 (cortex préfrontal antérieur) qui indique une valence positive et l'aire 6 (cortex prémoteur et aire motrice supplémentaire), dont l'activation est indicatrice de mouvements d'approche potentiels. Les « optimistes » s'intéressent davantage aux stimuli positifs, susceptibles de renforcer le statut social du soi et ils manifestent une forte identification avec les marques jugées « cool » et par contre, aucune avec les produits jugés « nuls ». Ce sont donc des consommateurs qui, à la vue de marques prestigieuses, voient s'activer leur circuit de récompense (« la classe » !).

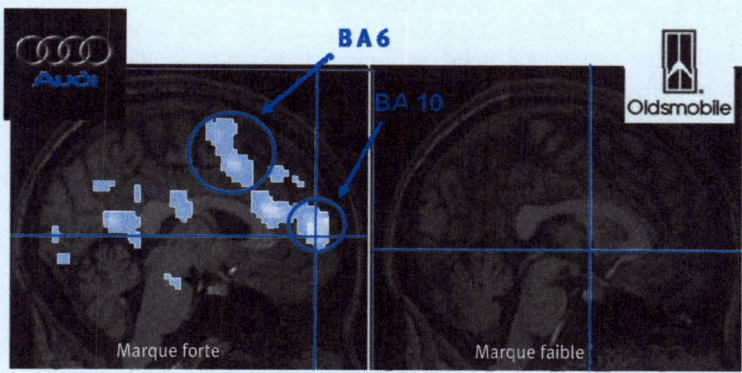

Quasiment comme dans un miroir, on constate des activations inversées dans le second groupe de sujets, que les chercheurs ont appelés les « pessimistes » (figure ci-dessous). Là encore, les logos ne sont présents qu'à titre de repérage des conditions expérimentales.

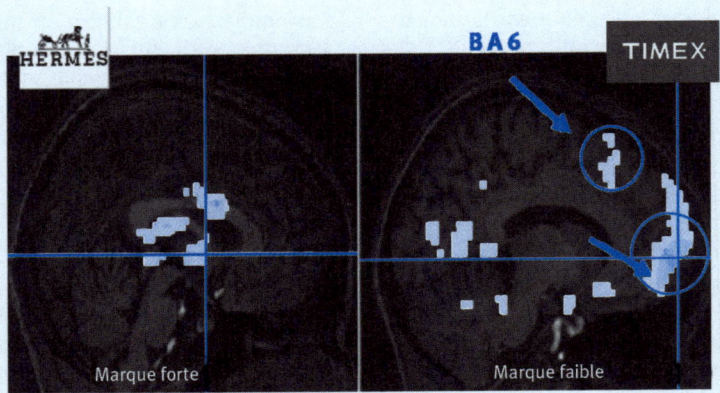

Alors que ces sujets ne réagissent pas ou peu à l'exposition à des marques qu'ils jugent pourtant très positivement, leur cerveau s'active plus nettement en présence de marques jugées négativement. Sont activées entre autres, l'aire orbitofrontale droite BA 11 (dénotant une valence hédonique négative) et l'aire prémotrice BA 6. Ces réponses indiquent selon les auteurs une tendance générale d'évitement. Les « pessimistes » sont davantage sensibles aux stimuli négatifs, susceptibles de dévaluer leur statut social du soi et ils manifestent une forte répulsion avec les marques jugées « nulles » et peu de réaction avec les autres. Ce sont donc des consommateurs qui, à la vue de marques déclassées, voient s'activer leur circuit de punition (« la honte » !). Il est à noter que les sujets de l'expérience ne sont absolument pas conscients de ces différences de perception et de traitement de la marque.

Il serait naturellement intéressant de rapprocher ces résultats et ces regroupements des typologies de personnalité abordées dans le **Chapitre 3**. D'autres études semblent indiquer que ces orientations, soit vers un système comportemental incitatif (le verre à moitié plein), soit vers un système comportemental d'évitement (le verre à moitié vide), puissent être rapprochées de traits de personnalité tels que l'extraversion, l'ouverture d'une part et le neuroticisme d'autre part. En termes de stratégie marketing de positionnement, on imagine bien qu'on évoquera par exemple pour un groupe le plaisir et la sensation hédonique de porter telle ou telle marque, tandis qu'on mettra en avant la conformité, l'assurance d'être dans le ton, pour le second groupe. Autrement dit, le bénéfice essentiel que l'on cherchera à communiquer auprès des deux groupes sera différent.

Référence : QUARTZ S. et ASP A., « Brain Branding, Brands on the Brain », *Proceedings of the ESOMAR Congress*, FELLOWS D. S. (ed.), Cannes, 18-21 September, 406-423 (2005).

La segmentation par le genre ou le sexe

D'autres clés de segmentation de marché, également très courantes, peuvent être revisitées par les neurosciences. Nous pouvons prendre l'exemple du genre ou du sexe. Si le sexe est déterminé par le génome et une morphologie spécifique, le genre est un concept plus théorique et moins dichotomique qui, pour certains chercheurs, représente un continuum entre un pôle féminin et un pôle masculin et pour d'autres, un *mix* entre féminité et masculinité, qui sont alors des dimensions orthogonales. Le genre pourrait être partiellement associé à l'orientation sexuelle. En outre, la libéralisation des mœurs, l'action civile des associations et des lobbies, ont permis le développement et le positionnement spécifiques d'offres ou de déclinaisons d'offre auprès de groupes sociaux définis difficilement ou diversement.

Le paradigme neuroscientifique permet dans ce contexte de :

- prendre conscience des différences sexuées dans le domaine des processus cognitifs,
- appréhender les modes d'accès au sens selon le sexe/genre,
- déterminer les éléments les plus pertinents pour différencier et valoriser différents groupes sociaux de même sexe.

Sans entamer une litanie de différences supposées ou avérées entre les sexes/genres, nous pouvons citer ici quelques travaux scientifiques qui illustrent – pour certaines informations – les modes de fonctionnement originaux des cerveaux féminins et masculins. Il faut être conscient que ces études comparatives (*gender studies*) peuvent constituer un objet de polémique, particulièrement aux États-Unis et que notre propos ici n'est ni de nier ni de mettre en exergue les différences constatées.

Les *gender studies* sont, en effet, politisées et restent un sujet sensible car les mouvements féministes ont un poids significatif sur certaines disciplines des sciences humaines et sociales. Les postures dominantes consistent à dire – en partie pour de justes et respectables raisons d'égalitarisme et d'équité – que les principales différences constatées entre sexes – hormis les plus évidentes morphologiquement et physiologiquement parlant, qui ne peuvent être écartées d'emblée – sont dues à des apprentissages culturels qui favorisent le dimorphisme et la sexuation des attitudes et des comportements. Autrement dit, une petite fille jouera à la poupée parce qu'on lui inculque (pression sociale oblige) la notion de jeu féminin.

Les neurosciences ont bouleversé ces notions quelque peu artificielles en apportant des évidences qui suggèrent des différences cognitives et affectives entre sexes, pour le plus grand enrichissement de notre espèce. Ainsi, les représentations mentales d'objets tridimensionnels, les réactions affectives au stress et la régulation émotionnelle, le traitement linguistique, la perception d'émotions négatives, les perceptions auditives, l'anticipation de la douleur, les jugements esthétiques, l'inhibition des représentations alimentaires, l'aversion au risque financier, les mémorisations émotionnelles ou spatiales, la sensibilité à des hormones ou phéromones (ocytocine ou vasopressine) ne sont que de brefs mais éloquents exemples.

Ces exemples proviennent à la fois d'études d'imagerie cérébrale fonctionnelle et d'études plus classiques en neuroendocrinologie ou en biologie comportementale, qui semblent indiquer des dimorphismes structurels et/ou fonctionnels dans les cerveaux féminins et masculins (voir Zoom neuro ci dessous). Il est bon bien sûr de rappeler que si les physiologies cérébrales sont parfois différentes entre sexes pour traiter des informations identiques, les intentionnalités et les finalités restent les mêmes et les résultats ou écarts (qualitatifs ou quantitatifs) ne sont pas statistiquement significatifs. Pour résoudre les mêmes problèmes et arriver aux mêmes solutions, des chemins différents sont parfois empruntés. Prendre en compte ces éléments serait utile pour optimiser les rapports hommes/femmes dans la société.

La causalité de ces constats n'est pas établie définitivement. Face à des activations différentielles incontestables, des chercheurs pensent à des cerveaux précâblés génétiquement par l'Évolution, tandis que d'autres évoquent des influences environnementales (culturelles) et épigénétiques qui ont modelé les cerveaux[1].

Zoom neuro	**Petites différences entre sexes (ou genres)**

De nombreuses études sont publiées chaque année et il convient d'en extraire les plus significatives. Les différences entre les genres semblent sous-tendre les orientations sexuelles, indépendamment du sexe biologique. Dans le domaine des études comparatives entre les genres, on peut distinguer les études anatomiques des études physiologiques. On décèle statistiquement en effet soit des différences structurelles entre hommes et femmes ou entre homosexuel(le)s et hétérosexuel(le)s, soit des différences physiologiques d'activation face à des stimuli ou des tâches, pour des structures néanmoins similaires. On sait également que certains dysfonctionnements cérébraux ou certains troubles de l'humeur ou du comportement peuvent être plutôt répartis chez l'un ou l'autre des sexes. ▶

---

1. HYDE J. S., « New Directions in the Study of Gender Similarities and Differences », *Current Directions in Psychological Science*, 16, 5, 259-263 (2007).

▶ Certains articles semblent indiquer des performances féminines supérieures dans des tâches de production verbale, de mémoire épisodique ou de reconnaissance faciale. À l'inverse, elles semblent indiquer des performances masculines supérieures dans les tâches visuospatiales, incluant la mémoire épisodique impliquant un traitement visuospatial (se représenter mentalement et se souvenir d'objets en 3D). Les cerveaux des femmes sont souvent activés bilatéralement (les deux hémisphères activés ensemble), alors qu'on observe chez l'homme des phénomènes de latéralisation. Cela-Conde et ses collègues montrent par la technologie MEG, par exemple, que lors d'évaluations esthétiques, les femmes mobilisent leur pariétal inférieur bilatéralement, alors que les hommes activent surtout la partie droite de la même zone (BA 40). D'autres études cognitives évoquent également des divergences quant aux jugements moraux : dans le cas de dilemmes moraux, les hommes ont davantage des jugements utilitaires (pragmatiques) que les femmes. Cela a été démontré *a contrario* par stimulation électrique transcrânienne directe (*transcranial direct current stimulation* ; tDCS) qui est une méthode sans danger permettant de modifier provisoirement et localement l'activité cérébrale. Qu'est-ce qu'un dilemme moral ? Prenons un exemple parmi les 60 qui ont été soumis à 78 personnes (dont 40 femmes) au cours de cette étude.

« Un tramway fou se précipite vers un groupe de cinq ouvriers sur les voies et ils sont voués à une mort certaine si vous ne faites rien. Vous êtes sur un pont qui surplombe la scène et à côté de vous, il y a un homme inconnu très grand et très corpulent. La seule façon de sauver la vie des cinq hommes est de pousser l'inconnu sur les voies, ce qui bloquera le wagon. L'inconnu mourra si vous faites cela mais vous aurez sauvé cinq vies. Pousseriez-vous l'inconnu sur les voies afin de sauver les cinq ouvriers ? ». En situation normale, davantage d'hommes que de femmes disent « oui », c'est-à-dire privilégient la solution « utilitaire » ou pragmatique (sacrifier 1 vie pour en sauver 5). Ce qui est intéressant, c'est que lorsqu'on applique au cortex préfrontal ventral des sujets un courant faible continu qui module et inhibe l'activité neuronale locale, on ne constate pas de changement pour les hommes, mais des changements pour les femmes, qui deviennent alors davantage pragmatiques en choisissant plus souvent la solution « utilitaire ». Cela signifie que chez les femmes, cette région (connue pour la coloration affective des stimuli) intervient davantage que les hommes, dans les jugements moraux.

Références :

CELA-CONDE C. J. *et al.*, « Sex-related similarities and differences in the neural correlates of beauty », *PNAS*, 106, 10, 3847-3852 (2009).

FUMAGALLI M. *et al.*, « Brain Switches Utilitarian Behavior : Does Gender Make the Difference ? », *PLoS ONE*, 5, 1, e8865, doi :10.1371/journal.pone.0008865 (2010).

HERLITZ A. et LOVÉN J., « Sex Differences in Cognitive Functions », *Acta Psychologica Sinica*, 41, 11, 1081-1090 (2009).

Connaissant mieux les processus cognitifs chez les deux sexes/genres, les marketeurs pourront mieux discriminer les modes de raisonnement prévalents, pour ensuite mieux positionner une offre, qui satisfera davantage les attentes des cibles. Pour mettre en avant certains produits, les publicitaires insistent intuitivement davantage sur les aspects pratiques et matériels lorsqu'ils s'adressent aux hommes et davantage sur l'impact affectif, social, hédonique lorsqu'ils s'adressent aux femmes. Il est aussi courant d'insérer des allusions érotiques dans des communications masculines, qui ne sont pas nécessairement persuasives chez les femmes[1]. Ces dernières privilégieront des notions de respect, de soulagement, d'affinité ou de relationnel.

Des segmentations pour un marketing sociétal

D'une autre manière, on peut envisager une segmentation fondée sur des caractéristiques personnelles, purement cognitives ou perceptuelles, que l'imagerie peut aborder objectivement. L'approche neuroscientifique peut ainsi permettre par exemple, de discriminer plus finement des typologies de seniors ou d'adolescents, autorisant ensuite des campagnes publiques de sensibilisation ou de prévention plus ciblées ou plus efficaces.

Dans le cas des adolescents, en fonction de l'âge, on sait que certaines zones corticales (surtout préfrontales) ne sont pas totalement matures, car la synaptogenèse (la création des connexions entre neurones[2]) et les volumes de matière grise n'ont pas achevé leur cycle complet de développement[3]. Après un accroissement exponentiel au cours de la petite enfance, la quantité de matière grise tend à se réduire durant le développement (phénomène d'élagage ou *pruning*) jusqu'à ce que la densité synaptique soit optimale. L'élagage débute dans le cortex moteur, pour se poursuivre dans les autres cortex (frontal, pariétal, occipital) et finir dans les zones temporales. L'évolution de la maturation cérébrale est déterminée grâce à des scannographies réalisées tous les deux ans durant plusieurs années,

---

1. DAHL D.W., SENGUPTA J. et VOHS K.D., « Sex in Advertising : Gender Differences and the Role of Relationship Commitment », *The Journal of Consumer Research*, 36, 2, 215-231 (2009).
2. C'est également l'étude de la façon dont les synapses vont s'établir entre les cellules nerveuses dans les systèmes nerveux central et périphérique.
3. BLAKEMORE S. J., « The social brain in adolescence », *Nature Reviews Neuroscience*, 9, 4, 267-277 (2008).

auprès des mêmes enfants devenus adolescents. Chaque région corticale a son propre rythme de développement. Un cerveau normal ne devient « adulte » que vers le début de la vingtaine d'années.

Ce développement inachevé entraîne parfois des erreurs de jugement accompagnées de certitude logique (sur des intentions perçues, par exemple), ou une faiblesse dans l'inhibition de comportements non-souhaitables, ou des réactions émotionnelles mal maîtrisées ou disproportionnées ou encore des prises de risque inconsidérées[1].

Le fait de tester les réactions de sujets sains volontaires (de cette tranche d'âge) face à diverses formes de persuasion (campagnes de prévention routière, anti-tabac ou de prévention contre l'alcoolisme), pourrait permettre de diffuser des messages plus efficaces, tenant compte des modes de raisonnement et des modalités de processus de décision[2].

POSITIONNEMENT CHOISI ET ATTITUDES OBTENUES

Le positionnement est un concept qui remonte à une quarantaine d'années[3] et qui regroupe de nombreuses définitions. La plupart de ces définitions convergent sur le fait qu'il représente la place que l'on souhaite donner au produit ou à la marque dans l'esprit du consommateur, par rapport aux autres marques existantes. Cela suppose que l'on ne souhaitera pas se fondre ou se superposer au positionnement d'un concurrent, mais au contraire que l'on souhaitera s'en démarquer d'une manière quelconque, qu'il s'agisse de mettre en avant un bénéfice-produit, une occasion d'usage, une qualité institutionnelle, une classe de clientèle, une valeur apportée, voire une vision du monde. Plus pratiquement, l'offreur doit donner au marché toutes les informations qui lui permettent de s'identifier sans erreur, en s'associant avec un avantage concurrentiel, qui apparaîtra unique et distinctif.

1. BLAKEMORE S. J. *et al.*, « Adolescent development of the neural circuitry for thinking about intentions », *Social Cognitive et Affective Neuroscience*, 2, 130-139 (2007).
2. JOHNSON S. B. *et al.*, « Adolescent Maturity and the Brain : The Promise and Pitfalls of Neuroscience Research in Adolescent Health Policy », *Journal of Adolescent Health*, 45, 216-221 (2009).
3. RIES A. et TROUT J., *The Positioning Era Cometh, reprint of a three-part series in Advertising Age*, Crain Publications (1969).

D'une part, le marketeur pourra recourir aux cartes perceptuelles[1] pour illustrer son positionnement relatif (par rapport à celui des concurrents). Construites à partir d'interrogations verbales, ces cartes perceptuelles sont fondées sur la sémantique différentielle, et des analyses multidimensionnelles des données permettent de cartographier les positionnements sur les axes explicatifs (voir le Chapitre 5, sur les validations d'échelles verbales par la neuroimagerie). D'autre part, du côté du consommateur, que l'on supposera appartenir à la cible de marché, le positionnement apparaîtra comme une déclaration explicite ou implicite d'intention de la part de l'offreur, déclaration dont la teneur est censée susciter l'intérêt du consommateur. Pour que son intérêt soit effectivement titillé, il faudra que l'offre (le produit, la marque, l'entreprise) représente une certaine valeur dans le système de références du consommateur.

L'attitude que l'on aura à l'égard d'une offre dépendra de cette valeur perçue. S'il devait exister un décalage sensible entre la valeur affirmée et la valeur perçue (dans le sens négatif uniquement, car une bonne surprise est toujours la bienvenue), nous constaterions une *disconfirmation* (infirmation) de l'attente qui se traduira par un sentiment de déception et une dévalorisation de l'attitude à l'égard de la marque, voire une dissonance cognitive, que s'efforcera de réduire notre consommateur au plus vite.

Notion de valeur

Une valeur positive associée à un objet (dans son sens le plus large) entraîne une appétence, un désir, une activation du circuit de récompense. La valeur est subjective et idiosyncrasique, bien que s'appuyant sur les valeurs inférées par d'autres. La « valuation » est le processus cognitif qui consiste à affecter une valeur propre à un stimulus quelconque. La valuation peut s'opérer de manière automatique, voire implicite ou inconsciente. Cette valuation est en fait un « étiquetage » affectif, dont la valence, positive ou négative, dictera la conduite à tenir par défaut lors d'une re-présentation du stimulus, qu'il soit marque, produit, élu ou sportif. Cet étiquetage, en bonne partie inconscient, concerne aussi bien des objets naturels que des produits ou des individus et des visages.

---

1. Représentation graphique en deux dimensions qui permet de visualiser le positionnement de différentes marques, produits ou sociétés en fonctions de deux critères (www.definitions-marketing.com/).

▸ Comment évaluer la valeur ? Par la WTP

Une manière possible de quantifier la valeur d'une offre ou d'un bien est de l'apparier avec la notion de consentement à payer (*willingness to pay*, WTP). C'est le prix que l'on est prêt à payer pour une offre ; il correspond à sa valeur perçue (absolue ou relative). Des études ont montré qu'une structure corticale particulière s'activait proportionnellement à la WTP : le cortex orbitofrontal, intégré au circuit de récompense. Une autre étude neuromarketing s'appuyant sur ce concept est présentée dans le Chapitre 9 consacré à la politique du prix.

Le consentement à payer constitue la pierre angulaire de la politique d'offre et de prix en marketing. En effet, sans l'attribution d'une valeur positive perçue, donnée par le consommateur à une offre du marché, les qualités perçues ne sont pas explicitées et l'offre doit être retirée ou modifiée. La valeur du consentement à payer est sensible à nombre de variables modératrices, telles que la qualité perçue, l'origine du bien, l'identité de l'offreur, l'équité du commerce, le contexte de décision, etc.

Le WTP pourra dépendre également de la relation tactile précédemment établie avec l'objet à acheter. Des études montrent en effet que non seulement la possession mais la simple prise en main et la manipulation d'un produit sont susceptibles de lui conférer une plus grande valeur et d'y associer une plus grande probabilité d'achat. Le *consentement à vendre* qui correspond à la logique inverse (la somme minimale que l'on accepte d'encaisser pour la cession d'un bien propre) est sujet lui aussi à des facteurs non rationnels ou contextuels tels que l'ancienneté de la possession ou encore sa charge affective associée (*endowment effect*, valeur contextuelle)[1].

On pourra, par conséquent, appréhender la notion de positionnement réussi ou adéquat (et la valider) lorsqu'on constatera des activations convergentes du circuit de récompense et de valuation (chez des sujets appartenant au cœur de cible) pour une offre donnée. Des exemples dans ce chapitre (d'autres dans le Chapitre 8) montrent que des offres (produits ou marques) « alléchantes » activent ce circuit. En outre, on saura qu'il faut maximiser les occasions de contact physique avec l'offre.

---

1. Retrouvez sur www.dunod.com un développement complémentaire sur la thématique du consentement.

■ L'attitude en marketing et son changement

La définition de l'attitude (nombre et nature de ses dimensions) a fait l'objet de nombreuses recherches ou publications, souvent divergentes ou contradictoires. À l'origine, une attitude s'apparentait plutôt à une valence, positive ou négative, puis le construit s'est étoffé pour inclure en plus d'un noyau affectif, des composantes cognitives et comportementales. La persuasion correspond au processus qui modifie les constituants d'une attitude (voir le Chapitre 10 sur la politique de communication). Il correspond à des phénomènes physiologiques particuliers.

Figure 6.2

Structures cérébrales activées lors des comparaisons « phrases persuasives » *versus* « phrases non persuasives » auprès de sujets américains et sud-coréens.

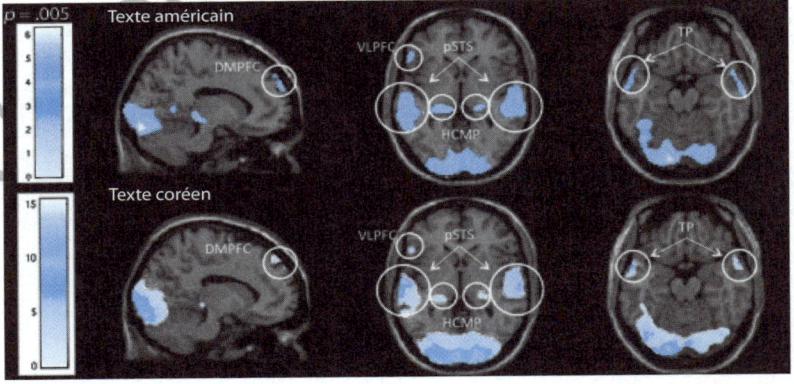

La similitude des patterns d'activation permet de conforter ces substrats de la persuasion

Source : Falk *et al.*, 2009

Dans l'étude proposée par Falk et ses collaborateurs[1], 20 argumentaires (étalonnés plus ou moins persuasifs) composés chacun d'une affirmation et de cinq preuves, ont été soumis à la fois à des sujets natifs américains et des sujets natifs sud-coréens. Chaque sujet a donc été exposé à 100 phrases dans sa langue natale. Il était demandé de lire attentivement les phrases car des questions devaient être posées par la

---

1. FALK E. B. *et al.*, « The Neural Correlates of Persuasion : A Common Network across Cultures and Media », *Journal of Cognitive Neuroscience,* 22, 11, 2447-2459 (2009).

suite. La notion de persuasion ou de phrase persuasive n'était pas du tout évoquée à ce stade. Après la phase d'imagerie fonctionnelle, les sujets devaient noter selon son caractère persuasif, chaque argumentaire, d'une note de 1 à 4. Les notes subjectives étaient ensuite rapprochées des activations cérébrales objectives. Les régions systématiquement activées lors de la lecture de phrases jugées ensuite persuasives, sont indiquées dans la Figure 6.2. Il s'agit du cortex préfrontal dorsomédian, du gyrus temporal supérieur (des deux côtés) et les pôles temporaux. Ces régions sont impliquées dans la « théorie de l'esprit », la faculté de comprendre les intentions et les états mentaux (désirs, croyances) d'autrui. En outre, de manière complémentaire, les lobes temporaux médians et le cortex préfrontal ventrolatéral gauche, généralement associés à des processus de mémorisation, étaient également davantage activés par les phrases persuasives. Ces travaux confirment ceux de collègues hollandais en marketing qui étudiaient l'effet persuasif de l'expert (une célébrité sportive, par exemple) et qui concluent que la persuasion passe par une élaboration sémantique avancée, débouchant sur une mémorisation profonde, associée avec une valence positive accrue.

Les écarts dans les valeurs annoncées et perçues

Quand un consommateur a choisi entre deux alternatives d'égale valeur, il a tendance à attribuer après coup une plus grande valeur à l'alternative choisie et une moins grande valeur à celle rejetée. Autrement dit, il s'efforce de conforter le bien-fondé de son achat en embellissant son acquisition et en dénigrant la solution précédemment rejetée. Mais l'inconfort ou le désagrément survient lorsque le consommateur s'aperçoit que son choix a été sous-optimal, c'est-à-dire qu'une autre option aurait dû être privilégiée. Qui n'a pas été frustré(e) d'apprendre la sortie d'un appareil très performant, qui surclasse celui que l'on vient d'acheter et qui apportait jusque-là toute satisfaction ? Léon Festinger a formalisé cette frustration qu'il appela « dissonance cognitive », concept aujourd'hui régulièrement mobilisé en marketing.

Des études récentes ont revisité ce concept important de la psychologie qui est également pertinent lorsqu'il s'agit d'étudier la satisfaction du consommateur.

Ainsi, Sharot, de Martino et Dolan[1] permettent d'aborder un phénomène intéressant en relation avec la dissonance cognitive, revue d'une façon nouvelle. Nous écrivions plus haut que lorsqu'un consommateur a choisi entre deux alternatives d'égale valeur, il aura tendance à attribuer après coup une plus grande valeur à l'alternative choisie et à accorder une moins grande valeur à celle rejetée, de manière à se conforter dans son choix. Les chercheurs ont déterminé que le noyau caudé (voir le Focus Chapitre 2 sur les noyaux gris centraux) était un élément capital du circuit de récompense, pour expliquer le comportement évoqué (voir Figure 6.3).

Figure 6.3

Le noyau caudé avant et après le choix

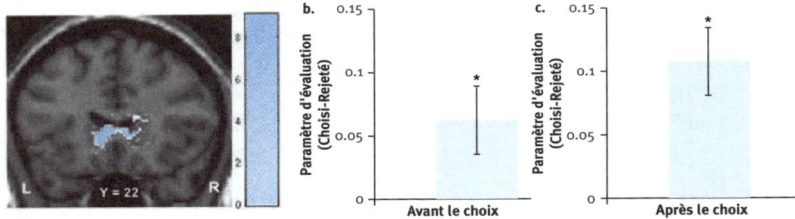

Activation du noyau caudé (striatum ventral) pour une alternative de choix, avant et après le choix effectif.

Source : Sharot, de Martino et Dolan, 2009

Une fois que le choix est établi, le niveau d'activation du noyau caudé augmente. L'option choisie acquiert donc une valeur (de récompense) supérieure à celle qu'elle détenait lors de la délibération. Les auteurs ajoutent que bien que les options possibles fussent évaluées également avant le choix, l'activité dans le striatum – les changements de préférence post-choix sont tracés par l'activité du noyau caudé dans le striatum ventral – *prédisait* quelle option serait choisie par la suite. Ces constats suggèrent que la réévaluation d'après choix, que l'on pensait précédemment *induite* par la dissonance cognitive, pourrait en fait refléter les préférences *préexistantes* qui sont précisément suivies par l'activité constatée dans le striatum.

---

1. SHAROT T., DE MARTINO B. et DOLAN R.J., « How Choice Reveals and Shapes Expected Hedonic Outcome », *The Journal of Neuroscience*, 29, 12, 3760-3765 (2009).

À RETENIR

▸ L'approche neuroscientifique autorise la détermination de clés de segmentation marketing qui n'auraient pas été détectables par des moyens conventionnels. Cela autorise à imaginer à terme un authentique marketing *one to one*.

▸ Ces nouvelles clés de segmentation permettent de constituer des typologies plus fines, conduisant à des positionnements plus pertinents, compte tenu des profils cognitifs de tel ou tel sous-groupe de consommateurs. En particulier l'attribut/bénéfice pourra être différencié selon la motivation première du groupe.

▸ Les techniques neuromarketing permettent également de matérialiser ou du moins d'objectiver les attitudes des consommateurs à l'égard d'une offre et ainsi de vérifier la pertinence d'un positionnement, grâce à la valeur qu'ils lui attribuent.

▸ La persuasion publicitaire (qu'il s'agisse d'un argument majeur ou d'une caution d'expert) passe par une élaboration sémantique (autorisée par le cortex exécutif), un encodage mémoriel profond, associé à l'activation du noyau caudé (striatum), qui va renchérir la valeur initiale de l'offre et la rendre encore plus attractive. Ainsi la présentation ultérieure de l'offre activera le circuit de récompense qui permettra de biaiser le processus de décision en sa faveur.

▸ Lorsque l'évaluation initiale d'une offre s'est révélée erronée, un inconfort, une dissonance cognitive se fait jour, dont le corrélat semble être l'activation des structures impliquées dans le traitement de stimuli négatifs ou aversifs. Même inconsciemment, le consommateur cherchera à réduire cet inconfort, quitte à modifier ses attitudes ou son évaluation à l'égard de l'offre « dissonante ».

▸ La dissonance cognitive ne pourrait être que la prise de conscience effective du consommateur de l'écart constaté dans l'évaluation des deux options de choix initiales. Le consommateur semblait évaluer *ex- æquo* au départ (au travers des échelles de notation) les deux options, pour ensuite surévaluer l'option choisie finalement ; en fait, l'option qui allait être choisie était *déjà* surévaluée neuralement. Cela signifie que le « match » de la persuasion pourrait être gagné dès les premières expositions, à l'insu même du client décideur.

5 RÉFÉRENCES POUR ALLER PLUS LOIN :

- De MARTINO B. *et al.*, « The Neurobiology of Reference-Dependent Value Computation », *The Journal of Neuroscience*, 29, 12, 3833-3842 (2009).
- GUILÉ J.-M., « Apports de la neurobiologie en psychiatrie de l'enfant et de l'adolescent », *Annales Médico Psychologiques*, 164, 547-556 (2006).
- KAISER A. *et al.*, « On sex/gender related similarities and differences in fMRI language research », *Brain Research Reviews*, 61, 2, 49-59 (2009).
- KNUTSON B. *et al.*, « Neural Antecedents of the Endowment Effect, *Neuron* », 58, 6, 814-822 (2008).
- LEVY I., *et al.*, « Neural Representation of Subjective Value Under Risk and Ambiguity », *Journal of Neurophysiology*, 103, 2, 1036-1047 (2010).

NATURALISATION DU MIX

L a face la plus visible du marketing est son versant opérationnel, qui se décline concrètement sur les marchés sous forme de produits et de services, disponibles à un certain prix dans des points de vente ou sur le Web et connus du public concerné par une communication appropriée ; ce qu'on appelle couramment le marketing mix ou le mix. Fidèles à notre logique annoncée dans le préambule, nous redécouvrirons dans cette troisième partie les composantes classiques (à défaut d'être encore totalement pertinentes) du marketing mix, immortalisées par l'acronyme des quatre *P* imaginés par l'efficace pédagogue Jerome McCarthy en 1960.

Chaque composante du mix peut en effet être interprétée selon une grille de lecture neuroscientifique et révéler des aspects inattendus ou négligés. L'offre – qui reste la pierre angulaire d'une politique marketing – sera abordée dans ses deux aspects complémentaires que sont le design et la marque, en faisant l'objet de deux chapitres distincts. Les aspects tarifaires et logistiques du mix seront abordés dans le chapitre suivant et le dernier chapitre de cette partie et de l'ouvrage, sera consacré à la communication et à son corollaire (sinon sa finalité), la persuasion.

Partie III

Ce chapitre, qui introduit la partie consacrée au marketing-mix revisité par l'approche neuroscientifique, traitera de la marque. C'est sur ce thème que les études d'imagerie sont les plus nombreuses en marketing. À cela, plusieurs raisons : la principale tient probablement à la puissance d'évocation de ce signifiant simple sur le plan formel (un seul mot le plus souvent). Les travaux d'imagerie réalisés permettent de mieux comprendre l'influence de la marque dans le processus d'achat (en particulier comme indice qui simplifie le processus de choix), ou lors de l'évaluation d'un produit. Ils montrent également que lorsqu'une marque est présentée, les aires cérébrales impliquées dans la gestion des émotions et du *self* (le « moi ») sont souvent préférentiellement activées. Si l'extension de la marque à des catégories de produits de plus en plus nombreuses est une tendance relevée, de nombreux échecs sont constatés. Dans une phase de pré-test, les mesures objectives permettent de vérifier la pertinence de l'extension de la marque à tel ou tel produit.

> **Mots-clés**
> - Capital marque
> - Extension
> - Fidélité
> - Préférence
> - Processus de décision
> - *Self*

FOCUS SUR LE CORTEX PRÉFRONTAL VENTROMÉDIAN

Le cortex préfrontal ventromédian est situé à la face interne du lobe frontal dans sa partie inférieure. Cette région cérébrale, qui est une des plus récentes sur le plan évolutif, participe à la régulation de nombreux processus. Lors de lésions de cette zone, des changements de personnalité ont été rapportés le plus souvent associés à une incapacité à ressentir des émotions (« sociopathie acquise », Damasio). Le cas de Phineas Gage (1823-1860), contremaître des chemins de fer qui reçut lors d'un terrible accident une barre de fer lui perforant totalement le crâne, en est un exemple aujourd'hui célèbre. À la suite des lésions des lobes frontaux, lui qui, auparavant, était réputé calme et sérieux est devenu émotionnellement instable et asocial. En neuroscience du consommateur, le cortex préfrontal ventromédian (BA 10) est une des zones cérébrales les plus intéressantes puisqu'elle est activée au cours de la perception d'odeurs ou de goûts plaisants ou déplaisants, mais aussi lors des processus de traitement intéressant les émotions (en particulier la capacité à inférer les états émotionnels des autres) et les informations se rapportant au « soi » (*self*). Ainsi, quand on demande à des sujets de penser à eux-mêmes, et que cette situation est comparée à celle pendant laquelle ils imaginent quelqu'un d'autre, on observe une augmentation de l'activité cérébrale dans cette zone. Comme il sera détaillé dans ce chapitre, le constat d'une activation préférentielle de cette zone lors de la présentation des marques de luxe (et non dans le cas de marques généralistes) permet d'éclairer le lien souvent intime qui existe entre le consommateur et ces (*ses*) marques.

Figure 7.1

Cortex préfrontal ventromédian

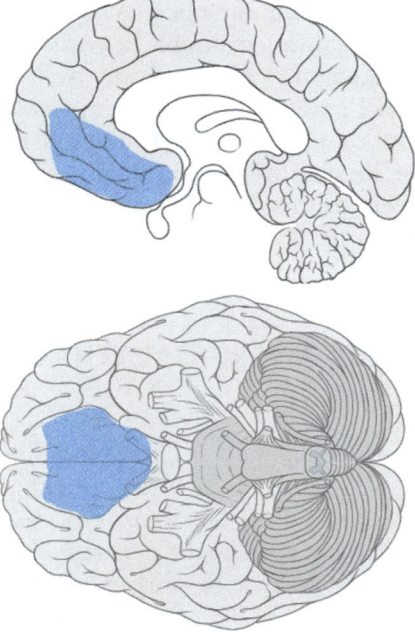

Source : http://upload.wikimedia.org/wikipedia/commons/c/c8/Ventromedial_prefrontal_cortex.npg)

TRAITEMENT DE LA MARQUE : LES MODÈLES CLASSIQUES DE COMPORTEMENT DU CONSOMMATEUR REVISITÉS

« Nicosia », « Engel, Kollat et Blackwell », « Howard et Sheth »…, la plupart des spécialistes en marketing ont été confrontés dans leur cursus aux fameux modèles de comportement du consommateur. Après des années de mise à l'écart de l'étude du fonctionnement de l'esprit lors de la domination du behaviorisme en psychologie, la révolution cognitive permet aux chercheurs en psychologie d'appréhender toute la complexité psychologique du consommateur en introduisant la métaphore de la « boîte noire ». À leur tour, les chercheurs en marketing délaissent les approches simplificatrices fondées sur les seuls apprentissages et conditionnements et proposent de représenter les différents processus par lesquels passe un consommateur sous la forme de modèles intégrateurs complexes. La plupart des modèles, et en particulier celui présenté par Howard et Sheth[1], proposent un mécanisme plus ou moins simplifié du processus de traitement des informations en distinguant « un processus de résolution extensive de problème », « un processus de résolution limitée de problème » et « un comportement routinier ».

Ces distinctions proposées à la fin des années 60 semblent recevoir une première confirmation grâce à des travaux en neuroimagerie dans lesquels des consommateurs sont exposés à des marques de notoriété variable. Lors de la présentation de marques peu connues, les chercheurs[2] observent une activité cérébrale plus importante et plus diffuse reflétant selon eux un effort de traitement plus important. Cette activation supérieure pourrait être le reflet d'un processus de résolution extensive de problème. À l'inverse, la forte notoriété d'une marque réduit l'effort cognitif nécessaire à son traitement. Par suite ce traitement est effectué plus rapidement ce qui pourrait correspondre au processus de résolution limitée de problème.

---

1. HOWARD J. et SHETH J., *The theory of buyer behavior*, John Wiley and Sons (1969).
2. BORN C., SCHOENBERG S., REISER M., MEINDL T. et POEPPEL E., « MRI shows brains respond better to name brands », *Proceedings of RSNA*, November 28 (2006).

Le capital marque et la fidélité à la marque

« Sans marque, pas de qualité ». Par exemple, lors de la crise liée à la maladie de la vache folle, la chute importante de la consommation de viande tient à la rareté des marques et à leur déficit de communication. Le discours des entreprises est classiquement centré sur la qualité des produits et la recherche constante d'améliorations de cette qualité ; le rôle de la marque étant de désigner la qualité des produits qu'elle supporte. Cette relation fonctionne dans les deux sens : si une marque peut indiquer au consommateur la qualité du produit, elle influence également la qualité perçue du produit. Les tests à l'aveugle sont justement conçus pour essayer de faire la part de ce qui revient au produit et à la marque.

■ Comment la marque supplante le goût

Dans une expérience devenue célèbre (probablement l'expérience la plus citée en neuromarketing), McClure et ses collègues[1] ont étudié les corrélats neuronaux de préférences lors de tests de dégustation de deux sodas de marque différente (Coca-Cola, C ou Pepsi, P). Les sujets étaient invités à faire des tests de dégustation, le premier en dehors du scanner, le second lors d'une session IRMf. Deux situations étaient examinées. Dans la première, les sujets ne connaissaient pas la marque ; dans la seconde, les sujets étaient informés de la marque d'un seul échantillon. Les chercheurs remarquèrent que, lorsque les sujets ne connaissaient pas la marque testée, les jugements de préférence entre les deux échantillons étaient répartis équitablement entre les marques et que dans cette situation, le niveau d'activation d'une zone cérébrale spécifique, le cortex préfrontal ventromédian (VMPFC), était un excellent indicateur de la réponse du sujet (cf. *supra*). Cependant, lorsque les sujets étaient informés du nom de l'une des deux marques dégustées, les sujets déclaraient préférer de façon significativement plus fréquente l'échantillon C. Dans cette situation précise, les chercheurs décelèrent le recrutement d'autres régions cérébrales comme l'hippocampe (médiateur de la mémorisation),

---

1. McClure S. M., Li J., Tomlin D., Cypert K. S., Montague L. M. et Montague P. R., « Neural correlates of behavioral preference for culturally familiar drinks », *Neuron*, 44, October, 379-387 (2004).

la région parahippocampique, le tronc cérébral et le cortex préfrontal dorsolatéral (DLPFC) (voir Figure 7.2).

L'hippocampe et le cortex préfrontal dorsolatéral lors de la dégustation   Figure 7.2

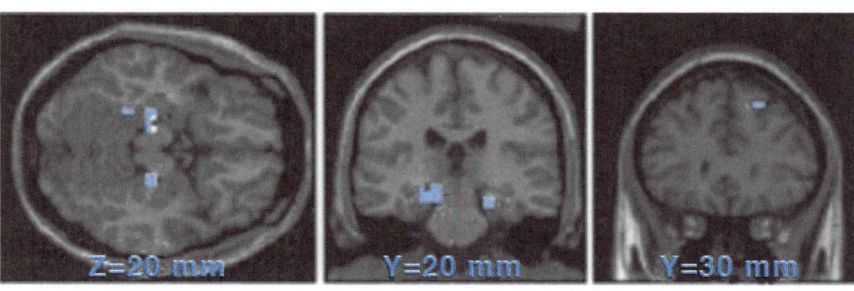

Activation bilatérale de l'hippocampe et du cortex préfrontal dorsolatéral pendant la dégustation du soda Coca-Cola.

Source : McClure *et al.*, 2004

En revanche, ils constatèrent que la présence affichée de la marque P sur l'un des échantillons n'entraînait pas de « biais » de réponse en sa faveur et que, dans ce cas de figure, il n'existait pas d'activation significative de régions cérébrales. *De facto*, on met en évidence deux systèmes neuronaux distincts qui génèrent des préférences chez l'individu : quand les jugements de préférence reposent seulement sur des informations sensorielles (préférer un goût, une odeur, etc.), l'activité relative du cortex préfrontal ventromédian – connu pour représenter des valences hédoniques ou appétitives – permet de prédire la préférence. Par contre, quand une des deux marques est annoncée avant test (et tout particulièrement C) la connaissance de cette marque biaise la préférence résultante, en recrutant d'autres structures cérébrales (hippocampe, région parahippocampique, cortex préfrontal dorsolatéral, tronc cérébral). Et les « préférences cérébrales » (i.e. mesurées objectivement) sont alors distinctes des préférences gustatives (déclarées), généralement en faveur de la marque C. En d'autres termes, un individu peut préférer de bonne foi des colas différents, selon que leur marque est révélée ou non. L'hippocampe (structure nécessaire à l'encodage en mémoire épisodique) et le cortex préfrontal dorsolatéral sont impliqués dans des changements comportementaux dus aux affects ; cette dernière aire cérébrale est aussi impliquée dans le contrôle exécutif incluant la mémoire de travail. Les chercheurs en concluent que l'information « culturelle » influe sur les décisions de préférence, par l'intermédiaire de la région dorsolatérale du cortex préfrontal, et de l'hippocampe qui est mobilisé pour rappeler l'information associée. Ceci confirme par des mesures objectives la conviction marketing selon laquelle le capital de marque (*brand equity*) est un déterminant des préférences explicites. Il représente à juste titre pour les gestionnaires un actif réel de l'entreprise.

▄ Peut-on être « fan » et réfléchir ?

Dans une série d'expériences intégrant cette fois la fidélité à la marque, les réactions des consommateurs ont été scrutées lors de choix impliquant leur marque préférée présentée avec d'autres marques[1,2]. Plus précisément, les activations cérébrales des sujets sont comparées lorsque la marque préférée (T) est présente dans le choix (choix de T ou D ?) et lorsqu'elle est absente (choix de D1 ou D2 ?). Plusieurs catégories de biens sont testées : marques de café, marques de bière, marques d'enseigne de vêtements. Lorsque la marque préférée est présente, les chercheurs observent une *diminution de l'activation cérébrale* dans plusieurs zones : dans le cortex préfrontal dorsolatéral, dans le cortex pariétal postérieur et dans le cortex occipital. Ces zones sont connues pour être associées à des processus sous-tendant la mémoire de travail, les buts poursuivis et les processus de décision faisant appel au raisonnement. À l'inverse, on observe une *augmentation de l'activité cérébrale* au niveau du cortex préfrontal médial antérieur, du cortex cingulaire et du précuneus inférieur (BA 7, BA 31). Ces zones sont associées à la mémoire épisodique (mémoire des événements, des lieux et des dates, par exemple : « hier soir, j'ai mangé des sushis dans un restaurant japonais avec deux amies »), aux processus qui concernent le soi (*self*), aux traitements de stimuli à contenu émotionnel et à leur intégration dans les processus de décision (partie ventrale du cortex préfrontal médial) et aux traitements de stimuli avec des connaissances préalables.

---

1. DEPPE M., SCHWINDT W., KUGEL H, PLASSMANN H. et KENNING P., « Nonlinear responses within the medial prefrontal cortex reveal when specific implicit information influences economic decision making », *Journal of Neuroimaging*, 15, 171-82 (2005).
2. PLASSMAN H., KENNIG P. et AHLERT D., « Why Companies Should Make Their Customers Happy : The Neural Correlates of Customer Loyalty », *Advances in Consumer Research*, 34, 1-5 (2007).

Ce type d'observation, apporté par l'imagerie par résonance magnétique fonctionnelle, permet aujourd'hui de comprendre et de représenter le comportement de fidélité à une marque comme la résultante de processus impliquant à la fois les émotions, le soi (*self*) et la récupération de souvenirs associés à une diminution des mécanismes de décision faisant appel au raisonnement. Sur la base de ces résultats neuroscientifiques, et au-delà des simples avantages produit, on ne peut que conseiller aux marketeurs de développer un lien affectif entre la marque et le consommateur, seul garant d'une véritable fidélité à la marque.

L'EXTENSION DE LA MARQUE

Dans le seul domaine alimentaire, dix nouveaux produits environ sont lancés chaque jour (3 357 en 2007 et 3 271 en 2008 ; étude Oqali 2009[1]). En revanche, parallèlement, on peut noter un très faible nombre de lancements de nouvelles marques pour la même période. Une entreprise qui souhaite introduire un produit sur un marché (souvent en phase de maturité) opte aujourd'hui pour le rachat d'une marque existante ou l'extension d'une marque.

■ Nouvelle marque ou extension de marque ?

Depuis le début des années 80, parmi les différentes stratégies de croissance, la stratégie d'extension de marque s'est fortement imposée dans les entreprises. On estime que 95 % des nouveaux produits de consommation introduits sur le marché sont des extensions de marque[2].

L'extension de marque consiste à utiliser une marque existante pour introduire un nouveau produit dans une catégorie de produits différente. Ainsi la marque Uncle Ben's a-t-elle été étendue du riz aux sauces cuisinées, Dove et Le Petit Marseillais des produits d'hygiène (savon, gel douche et bain moussant) au déodorant et Signal du dentifrice aux

---

1. Oqali : Observatoire de la qualité de l'alimentation (http://www.oqali.fr)
2. BERRY J., et Ogiba E., « It's your boss (why new products fail) ». *Brandweek*, 33, 16-25 (1994).

brosses à dents puis au *chewing-gum*[1]. Le plus souvent, cette extension de marque est précédée par une extension de gamme (nouveau goût, nouveau packaging, nouvelle recette). Ainsi, la marque Bonne Maman a-t-elle dans un premier temps proposé de nouveaux parfums (confiture de lait, figue, mandarine) et de nouvelles recettes (confiture avec peu de sucre), avant d'étendre sa marque au secteur des biscuits puis, plus récemment, au secteur des produits frais (yaourts, riz au lait, desserts aux fruits, desserts pâtissiers).

Cependant, l'utilisation d'une marque existante n'est pas synonyme de réussite. L'examen des bases de données de la société Research International montre que les lancements d'extension de marque échouent en moyenne plus que les produits lancés sous de nouvelles marques. Ce qui est confirmé par une étude d'Ernst et Young selon laquelle la proportion de lancements arrêtés après un an est plus importante pour les extensions que pour les nouvelles marques[2]. Un des exemples les plus connus d'échec d'une extension de marque est celui de la marque Bic dans l'univers du parfum. Après avoir lancé le stylo à bille sous la marque Bic en 1950, puis avoir étendu avec succès la marque au secteur des briquets en 1973, à celui des rasoirs jetables en 1975 et à celui des planches à voile et de surf en 1979, l'introduction de la marque dans l'univers du parfum en 1988 est un échec.

▬ Quand l'acceptation se lit dans le regard

Afin de limiter les échecs dont les conséquences financières ou en termes d'image peuvent être importantes, les entreprises réalisent le plus souvent des études marketing pour évaluer les intentions d'achat des consommateurs face aux propositions d'extension d'une marque. Dans la quasi-totalité des cas, ces études font appel à des mesures explicites à l'aide de focus-groupes ou de questionnaires. On sait que ce type de mesures peut faire l'objet de nombreux biais (de conformisme social, de verbalisation, cognitif de rationalisation...). Pour pallier ces

---

1. LAI C., « Les déterminants de l'attitude envers les extensions de marque : modèle conceptuel et validation empirique », *Recherche et Applications en Marketing*, 17, 1, 21-42 (2002).
2. Extrait de *Marketing Magazine* N° 89 – 01/10/2004

difficultés, Stewart et ses collègues[1], en étudiant le degré d'acceptabilité des consommateurs envers différentes extensions de marque, ont utilisé une mesure implicite du processus d'évaluation de l'extension de marque : la technique de suivi du mouvement oculaire (*eye tracking*). Les auteurs observent que les extensions de marques plausibles ont engendré des difficultés mineures lors de la lecture de la fin de la phrase, ce qu'ils expliquent comme la construction d'une nouvelle interprétation de la marque. En revanche, les extensions invraisemblables ont immédiatement généré des perturbations, interprétées comme une difficulté à fournir une interprétation cohérente. Les mêmes auteurs concluent en soulignant la rapidité et l'efficacité de la méthode : « en l'espace de quelques millisecondes, les consommateurs peuvent évaluer et juger de la vraisemblance d'une extension originale. Nous ne connaissons aucune mesure explicite capable de montrer de façon si immédiate la réaction des consommateurs face aux extensions de marque ». La conclusion des auteurs est peut-être un peu exagérée et, si la méthode du suivi du regard permet d'observer des trajets oculaires, elle permet plus difficilement de les expliquer.

Apport de l'EEG à la validation d'une extension de marque — En pratique

En 2008, une équipe du Neuromanagement Laboratory à l'université de Zhejiang (Hangzhou, Chine) a étudié le degré d'acceptation d'une extension de marque à l'aide de l'EEG et de la méthode des potentiels évoqués.

Les sujets ont été exposés au nom d'une marque de boisson connue en Chine (Pepsi, Coke, Wahaha, NongfuSpring), puis au nom d'une catégorie de produit qui pouvait être soit une boisson (jus de fruit, thé noir, lait, soda), soit une autre catégorie de produit (biscuit, pain, gâteau, bonbon, T-shirt, chaussures, télévision…).

Dans les deux conditions expérimentales, les auteurs observent la présence d'une onde positive, apparaissant environ 300 millisecondes après le stimulus, appelée « P 300 ». Cependant, lors d'une situation d'extension de la marque à une catégorie de produit acceptée par le consommateur (par exemple, marque de boisson étendue à une autre boisson) l'onde P 300 est plus importante et est présente de façon diffuse sur l'ensemble des régions pariétales et occipitales de façon bilatérale (voir Figure). En revanche, lors d'une situation peu crédible d'extension de la marque (par exemple, marque de boisson étendue à la

▶

---

1. STEWART A. J., PICKERING M. J. et STURT P., « Se servir du mouvement des yeux durant la lecture comme mesure implicite de l'acceptabilité des extensions de marque », *Recherche et Applications en Marketing*, 20, 4, 97-109 (2005).

catégorie biscuit), l'onde P 300 est plus petite et présente uniquement dans la région occipitale droite ; s'y ajoute dans ce cas la présence d'une onde négative tardive (« N 400 ») dans la zone frontale qui, selon les auteurs, serait le signe d'un rejet par le consommateur du produit sous la marque pressentie.

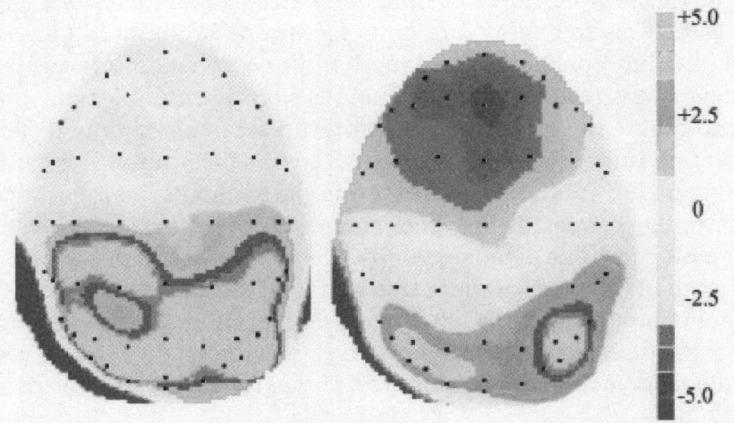

Figure : onde P 300 plus importante dans la condition « boisson-boisson » (à gauche) comparativement à la condition « boisson-autre catégorie » (à droite)

Source : Ma et al., 2008

Les auteurs proposent que l'amplitude de l'onde P 300 pourrait être un indicateur neuronal de l'acceptation par le consommateur de l'extension de la marque. À terme, cette nouvelle méthode devrait permettre d'identifier les extensions de marque entraînant au minimum un effet d'adéquation (le consommateur accepte le produit sous la nouvelle marque) ou au mieux un effet de levier (le consommateur évalue le produit sous la nouvelle marque plus favorablement que les produits de la concurrence).

Référence : MA Q., WANG X., SHU L. et DAI S., « P300 and categorization in brand extension », *Neuroscience Letters*, 431, 57-61 (2008).

LA MARQUE EST-ELLE UNE PERSONNE ? LES ÉCHELLES DE PERSONNALITÉ DE LA MARQUE

Plusieurs chercheurs en marketing suggèrent que l'étude de la marque s'enrichirait de descriptions relevant de la psychologie humaine, en particulier des traits de personnalité humains. Il serait ainsi possible de s'appuyer sur les études de la personnalité humaine pour développer un nouveau construit : « la personnalité de la marque ». Aaker[1] développa la première une échelle de la personnalité de la marque validée dans un contexte marketing, les précédentes étant des transpositions directes des échelles de personnalité humaine. Elle identifia cinq dimensions constitutives du concept de personnalité de la marque : la sincérité, le dynamisme, la compétence, la sophistication et la rudesse. Comme un être humain, la marque pourrait être ainsi évaluée sur des items comme « saine » (sincérité), « audacieuse » (dynamisme), « intelligente » (compétence), « charmante » (sophistication), ou « solide » (rudesse). Yoon et ses collègues[2] remarquent que cette démarche repose sur l'idée (la plus souvent non exprimée) que les caractéristiques ou les qualités (sincérité, dynamisme, compétence) d'une marque, d'un produit ou d'une personne sont traitées de la même façon. Autrement dit, il se passe un peu la même chose quand on demande à un consommateur si la marque Renault est sincère ou si votre meilleur ami est quelqu'un de sincère.

Or, de récentes recherches, à la fois en neuropsychologie et en neuroimagerie semblent démontrer que les traitements perceptuels et catégoriels relatifs à une personne ou à un objet concernent des zones cérébrales différentes. Les chercheurs observent que la perception d'un être humain (d'un visage en particulier) entraîne une activation préférentielle du cortex préfrontal médian et dans le lobe temporal ventral, celle du gyrus fusiforme, alors que la perception d'un objet (naturel ou manufacturé) entraîne une activation préférentielle du cortex préfrontal inférieur gauche et du gyrus temporal médian.

Yoon et ses collègues ont souhaité explorer les réseaux neuronaux sous tendant les décisions prises au sujet d'un individu ou d'une marque en utilisant des échelles de personnalités. Les résultats montrent sans ambiguïté que les décisions liées au sujet lui-même (« je suis ennuyeux ») ou à des personnalités connues (« Billy Joël est sincère ») activent la région du cortex préfrontal médial alors les décisions liées à des marques que le consommateur considère proche de lui ou non (« Sprite est une marque gaie »; « John Smith est une marque sophistiquée »), activent préférentiellement la région du cortex préfrontal inférieur. Les marques et les personnes sont

1. AAKER J. (1997), *op. cit.*
2. YOON C., GUTCHESS A. H., FEINBERG F. et POLK T. A., « A functional magnetic resonance imaging study of neural dissociations between brand and person judgments », *Journal of Consumer Research*, 33, 31-40 (2006).

donc traitées comme des entités différentes, les marques se rapprochant plus des représentations mentales d'objets que de celles d'êtres vivants. Par conséquent, la notion de personnalité de marque apparaît comme une analogie ou une métaphore, utile toutefois au raisonnement marketing.

LE LUXE, UN MONDE À PART

Au sein des marques, les marques de luxe forment une catégorie particulière. Même si la clientèle appartient classiquement au segment de population aux moyens d'existence privilégiés, de nombreux consommateurs ont déjà acheté au moins une fois un produit d'une marque de luxe (« démocratisation du luxe »). Ceci d'autant plus facilement que le luxe concerne de très nombreux secteurs (la couture et la mode, la lingerie, l'horlogerie, la joaillerie, le parfum, les cosmétiques, les arts de la table, la maroquinerie, le champagne, l'hôtellerie et la gastronomie), mais aussi qu'une des caractéristiques principales des marques de luxe est leur capacité à s'étendre. Ainsi, par exemple, la marque Montblanc qui fabrique des « instruments d'écriture » depuis 1909, commercialise sous sa marque des articles en cuir depuis 1935, des articles de bijouterie depuis 1996, des montres depuis 1997, du parfum depuis 2001.

Dans les années 80 et 90, l'achat de marques de luxe correspondait aux besoins des consommateurs de « signer » leur réussite sociale (effet Veblen). Avec le luxe, le consommateur s'adressait aux autres pour affirmer sa personnalité, communiquer son statut social, montrer sa réussite.

Selon le baromètre « La France des Hauts Revenus » de la société Ipsos Media, la motivation de plaisir devient aujourd'hui la première motivation d'achat du luxe auprès de ses acheteurs traditionnels : pour 55 % des individus, « le luxe est avant tout associé à un plaisir personnel »; pour 23 %, « le luxe favorise un sentiment d'appartenance à un club d'exclusifs » et seulement pour 10 %, « le luxe permet d'affirmer son statut ».

Activation de la zone médiane du cortex préfrontal lors de la présentation de logotypes de marques de voitures de luxe

Figure 7.3

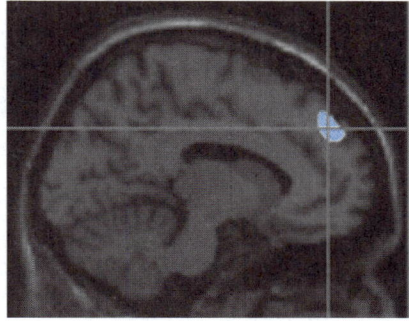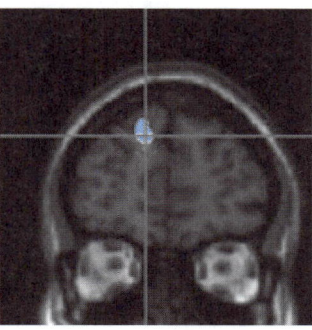

Source : Schaefer et Rotte, 2007

Ces observations semblent confirmées par les études d'imagerie cérébrale. Par exemple, Schaefer et Rotte[1] montrent à des sujets des logotypes de marques « généralistes » de voitures (Renault, Peugeot, Toyota, Skoda, Opel, Volkswagen), des logotypes de marques de luxe (Ferrari, Porsche, BMW, Mercedes Benz, Rolls Royce) et des logotypes de marques peu connues en Allemagne (Buick, Saturn, Holden, Lincoln, Pontiac). Contrairement aux marques généralistes et aux marques peu connues, la présentation des marques de luxe suscitent l'activation de la zone médiane du cortex préfrontal connue pour être impliquée lors des processus de perception du soi (Figure 7.3).

Il semble donc bien que « le luxe, ce n'est pas ostentatoire, c'est égoïste, c'est pour me faire plaisir *à moi* » (étude « Trend Observer » 2006 de la société Ipsos). Si on va encore plus loin, il est possible que ces activations dans la zone médiale reflètent une envie d'intégration des marques prestigieuses au moi *(self)* du consommateur dans une sorte de transfert du statut de la marque prestigieuse au statut projeté du consommateur.

1. SCHAEFER M. et ROTTE M., « Favorite brands as cultural objects modulate reward circuit », *NeuroReport*, 18, 2, 141-145 (2007).

À RETENIR

▸ Le recrutement de certaines aires cérébrales impliquées dans les processus mémoriels et émotionnels lors de la présentation d'une marque leader est susceptible de venir contrer une première évaluation perceptive à l'aveugle. Un avantage purement gustatif (mesuré objectivement) ne suffit pas à dominer un concurrent. Le capital marque influence la préférence sensorielle objective.

▸ La fidélité à une marque peut aujourd'hui être analysée comme un comportement résultant de processus impliquant à la fois les émotions, le « soi » (*self*), la récupération de souvenirs, associés à une diminution des mécanismes de décision faisant appel au raisonnement.

▸ Les rapports de sociétés d'études montrent qu'une stratégie d'extension de marque n'est pas la garantie d'un lancement réussi. Plusieurs grandes entreprises ont été, pour une même marque étendue, confrontées à la fois à de grands succès mais aussi à des échecs retentissants. Les processus de catégorisation sont progressivement mieux appréhendés et analysés et l'extension de la marque constituera un des domaines dans lesquels l'imagerie cérébrale trouvera une application en neuroscience du consommateur.

▸ Le concept de *personnalité* de marque est une métaphore utile au raisonnement marketing. Cependant, il convient de garder à l'esprit que pour le cerveau la marque n'est pas une *personne*. D'autres construits marketing pourront être ainsi revisités.

▸ L'imagerie cérébrale permet d'observer le lien d'intimité que le consommateur entretient avec les marques de luxe. Contrairement aux marques s'adressant à un large public, la présentation de marques de luxe provoque chez le consommateur l'activation de la zone médiane du cortex préfrontal connue pour être impliquée lors des processus de perception du soi (*self*).

5 RÉFÉRENCES POUR ALLER PLUS LOIN

- BARRETT L. et BAR M., « See it with feeling : affective predictions during object perception », *Phil. Trans. R. Soc.* B, 364, 1325-1334 (2009).
- KOENIGS M. et TRANEL D., « Prefrontal cortex damage abolishes brand-cued changes in cola preference », *Social Cognitive and Affective Neuroscience*, 3, 1, 1-6 (2008).
- PERRACHIONE T. et PERRACHIONE J., « Brains and brands : Developing mutually informative research in neuroscience and marketing », *Journal of Consumer Behaviour*, 7, 4-5, 303-318 (2008).
- PLASSMANN H., KENNING P., DEPPE M., KUGEL H. et SCHWINDT W., « How choice ambiguity modulates activity in brain areas representing brand preference : evidence from consumer neuroscience », *Journal of Consumer Behaviour*, 7, 4-5, 360-367 (2008).
- SEYMOUR B. et McCLURE S., « Anchors, scales and the relative coding of value in the brain », *Current Opinion in Neurobiology*, 18, 2, 173-178 (2008).

Chapitre 8

LA POLITIQUE D'OFFRE : LE DESIGN PRODUIT ET GRAPHIQUE

Le thème du design abordé dans ce chapitre est aujourd'hui un élément clef de la différenciation et de la compétitivité des fabricants comme des distributeurs. S'il ne se réduit pas à la sphère du marketing, il est cependant un élément majeur de la stratégie de produit, de la stratégie de distribution et, depuis quelques années, en particulier par son aspect événementiel, de la stratégie de communication. Parfois même, il *est* la stratégie, dans le sens où de nombreuses « innovations » produit sont de simples changements de packagings : « souvent le contenu des produits n'a rien de nouveau, c'est le contenant qui change »[1]. L'approche neuroscientifique trouve ici un terrain privilégié car de nombreux sujets d'étude en design, comme l'évaluation esthétique (le beau, le laid), l'appréciation de formes innovantes, la focalisation de l'attention sur tel ou tel objet ou la symbolique des formes… sont peu accessibles au questionnement direct. En effet, il s'agit de processus difficilement accessibles à la conscience, ou difficilement verbalisables.

> ## Mots-clés
> - Attention visuelle
> - Design automobile
> - Neuroesthétique
> - Packaging
> - Processus de choix
> - *Self*

FOCUS SUR L'INSULA

L'insula (ou cortex insulaire) n'est pas spontanément visible, contrairement aux autres lobes cérébraux, puisqu'elle est recouverte par les lobes frontal, pariétal et temporal. Cette particularité anatomique explique à la fois son nom (insula signifie en latin « île ») et le peu d'intérêt que cette zone a longtemps suscité.

---

1. *Marketing Magazine*, 2005, n° 99.

Figure 8.1

Le cortex insulaire ou insula

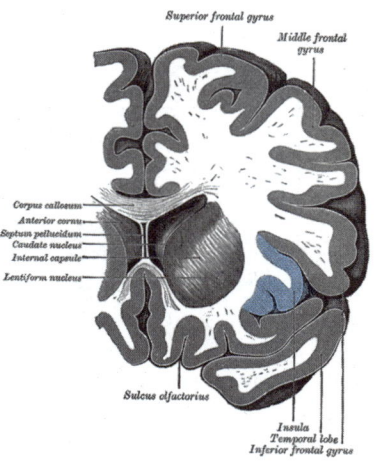

Source : http://en.wikipedia.org/wiki/Insular Cortex

Cependant, depuis la théorie des « marqueurs somatiques » proposée par le neurologue luso-américain Damasio et dans laquelle est soulignée l'importance de la représentation de l'état du corps dans la prise de décision, cette zone est sortie de l'ombre. Ainsi, lorsqu'on demande à des sujets de se rappeler des peurs liées à des événements passés on constate une augmentation de l'activité de l'insula. Cette zone est également impliquée lors de l'expérience du dégoût chez l'individu et même lors de la reconnaissance chez autrui d'une expression faciale de dégoût. L'insula joue donc un rôle essentiel en intégrant les informations sensorielles corporelles dans les processus émotionnels.

Par ailleurs, les études d'imagerie mettent en évidence la mobilisation de l'insula lors de la présentation de stimuli évoquant la drogue (cocaïne, amphétamine, mais aussi alcool ou cigarette) et, récemment, on a pu montrer que des fumeurs atteints de lésions de l'insula se sont arrêtés de fumer facilement, immédiatement, sans rechute, et sans la persistance de l'envie de fumer. Aujourd'hui, l'insula est considérée comme une des zones cérébrales clés dans tous les phénomènes d'addiction. En neuroscience du consommateur on observe, comme il sera détaillé dans ce chapitre, l'activation de l'insula lors de la présentation de marques que le consommateur n'apprécie pas, lors de la présentation de stimuli jugés peu attrayants ou lors d'offres injustes (prix trop élevé).

LE BEAU, LE LAID ET LE JUGEMENT ESTHÉTIQUE

L'esthétique – qui fait partie des dimensions constitutives du design en plus de l'utilité et de l'ergonomie – a longtemps été considérée par les chercheurs et les historiens de l'art comme une activité éminemment cognitive, c'est-à-dire non affective, qui nécessitait un apprentissage, une culture préalables et des outils d'évaluation « objective ». Ce qui impliquait d'interroger les consommateurs à propos d'un design sur une base consciente et rationnelle. Interviews, échelles d'attitude, notations étaient donc les outils de mesure conventionnels pour juger de l'efficacité d'un design. Depuis, on reconnaît la part sensible de l'affect dans le jugement esthétique, ainsi que l'influence inconsciente somatique et viscérale dans la prise de décision. Une meilleure compréhension des processus de jugement esthétique passe aussi par une prise en compte des phénomènes cérébraux sous-jacents[1]. Des auteurs parlent désormais explicitement de bioesthétique ou de neuroesthétique[2]. La première conférence internationale de neuroesthétique s'est tenue en 2002 à Londres et des ouvrages ou des revues traitant de la thématique sont publiés régulièrement (par exemple, le numéro spécial du *Journal of Consciousness Studies* en 2000 ou encore les ouvrages de Zeki ou ceux de Ramachandran).

■ Vers une mesure du beau et du laid ?

Depuis le début des années 2000, plusieurs études de neuroesthétique ont été conduites. Ainsi, Kawabata et Zeki[3] ont soumis 10 personnes (5 hommes et 5 femmes) à une expérimentation destinée à appréhender le sens esthétique de l'individu (perception du « beau » et du « laid »). Dans un premier temps, les expérimentateurs ont soumis 300 œuvres picturales (nature morte, portrait, paysage ou abstrait) à l'appréciation (toute personnelle) des sujets, qui devaient leur donner une note comprise entre 1 (laid) et 10 (beau). Ensuite, 16 peintures de chaque catégorie, pour chaque

---

1. DROULERS O. et ROULLET B., « Neuroesthétique automobile : les neurosciences et le design », *Management et Sciences Sociales*, 6, 131-155 (2009).
2. ZEKI S., *Inner Vision : An Exploration of Art and the Brain*, Oxford University Press (2000).
3. KAWABATA H. et ZEKI S., « Neural Correlates of Beauty », *Journal of Neurophysiology*, 91, 1699-1705 (2004).

classe esthétique (laid, neutre et beau), ont donné lieu à 384 présentations auprès des mêmes sujets, pendant qu'un enregistrement en imagerie cérébrale (IRMf) était réalisé. Les auteurs rapportent que le jugement esthétique est corrélé à l'activation de deux zones cérébrales spécifiques : le cortex orbitofrontal médian et le cortex pariétal. Le premier est généralement associé à la perception de stimuli appétitifs (récompenses), tandis que le second participe à la préparation des mouvements d'approche ou d'évitement. Il apparaît que la relation entre le jugement esthétique et l'activation du cortex orbitofrontal (OFC) est positivement linéaire : plus le stimulus est jugé « beau », plus l'OFC s'active ; plus le stimulus est jugé laid, plus le cortex moteur s'active et l'OFC se désactive. Le jugement esthétique serait donc un *continuum*, allant du laid au beau, se manifestant par une intensité croissante des structures considérées. Il existerait donc un effet de seuil, au-delà duquel ce qui était laid devient beau… Plus surprenant est le rôle du cortex moteur, généralement actif lors de présentations affectives, qui s'active plus en situation « laide » qu'en situation « belle ». Cela pourrait correspondre aux mobilisations de schémas moteurs d'évitement (éloignement) ou d'approche.

Cela-Conde et ses collègues ont réalisé une étude sur le même sujet mais en recourant cette fois à la MEG[1]. Elle consista à soumettre 320 visuels à huit jeunes Espagnoles (moyenne d'âge : 20 ans), visuels composés pour moitié d'œuvres artistiques (abstraites, classiques, impressionnistes et postimpressionnistes à parts égales) et pour autre moitié de photographies réalistes (paysages, objets, etc.). En plus de regarder passivement les groupes d'images durant l'acquisition des activations cérébrales, les sujets devaient accomplir un choix forcé en indiquant pour chaque image (par le lever d'un doigt) si le stimulus était beau ou non. Il ressort de cette étude que les images jugées « belles » activaient préférentiellement le cortex visuel puis quelques 300 millisecondes plus tard, le cortex préfrontal dorsolatéral (DLPFC) gauche (Figure 8.2). L'intensité de l'activation était proportionnelle au jugement esthétique subjectif verbal. Le DLPFC est connu pour être associé à des processus de contrôle exécutif, de comparaison et d'évaluation délibérée.

---

1. CELA-CONDE C.J. *et al.*, « Activation of the prefrontal cortex in the human visual aesthetic perception », *Proceedings of the National Academy of Sciences of USA*, 101, 16, 6321-6325 (2004).

L'activation dans le cortex préfrontal dorsolatéral gauche pour des stimuli « beaux » (gauche) vs. « laids » (droite)

Figure 8.2

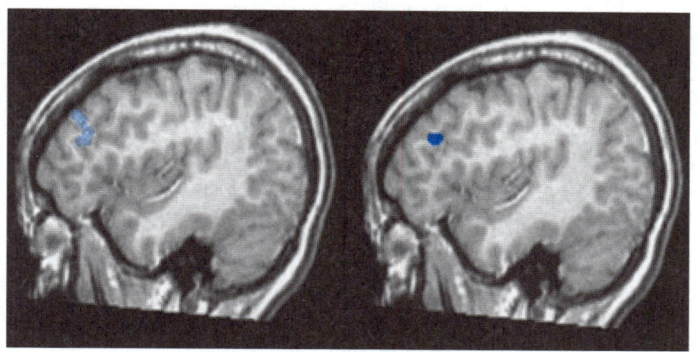

Source : Cela-Conde et al., Copyright 2004 National Academy of Science, U.S.A.

Quand le savoir faire du sculpteur grec Polyclète est mis à contribution

En pratique

Di Dio et ses collègues ont tenté récemment d'étudier l'effet supposé du « nombre d'or » qui pose qu'un rapport de 1 à 1,618 est jugé plus esthétique que toute autre proportion[1].

Pour évaluer l'impact esthétique de ce ratio, les chercheurs ont utilisé l'image d'une sculpture célèbre, le Doryphore de Polyclète, sculpté vers 440 av. J.-C., en altérant ses proportions : torse plus long et jambes plus courtes ou bien jambes élancées et torse trapu en plus de la vue normale (Figure). Puis ils ont soumis ces trois versions à des sujets en imagerie cérébrale fonctionnelle. En plus de la simple observation passive des images par les sujets, des tâches de jugement esthétique et d'évaluation de proportions étaient également demandées.

▶

---

1. Baxter rappelle que cette proportion se retrouve dans de nombreuses créations, dans la façade du Parthénon ou dans la disposition du plafond de la Chapelle Sixtine. Il évoque également comment la publicité presse pour la Nissan QX a volontairement altéré les proportions réelles du véhicule pour lui faire épouser cette « divine proportion » (BAXTER M., *Product Design*, Chapman et Hall (1995)).

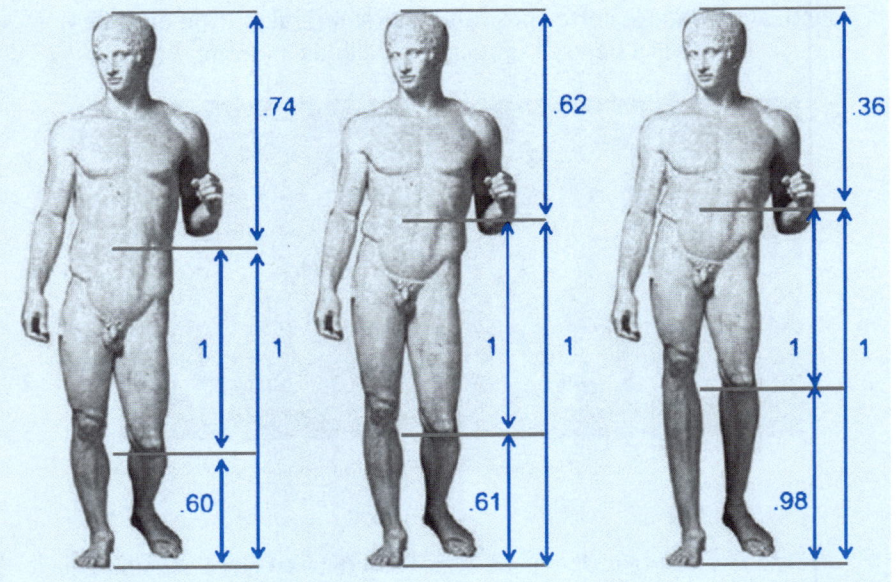

Le Doryphore de Polyclète dans les versions « torse rallongé » (g), originale (c) et « jambes allongées » (d), (Di Dio, Macaluso et Rizzolatti. 2007, Fig. 1, p. 1201).

Lorsque les sujets observent ces images, les chercheurs constatent que la différence d'activation cérébrale entre la vision d'une version originale de l'œuvre *versus* une version altérée se manifeste principalement au niveau de l'insula antérieure droite. Cette zone est souvent mobilisée dans la suscitation d'un affect, traduisant un rejet ou un dégoût du stimulus perçu (voir **Focus**).

Lors des tâches d'évaluation, les jugements esthétiques positifs étaient associés à l'activation de l'amygdale droite tandis que les jugements esthétiques négatifs étaient associés à l'activation de l'aire somato-motrice (scissure de Rolando).

Les auteurs concluent à l'existence d'une beauté objective, c'est-à-dire, selon leurs propres termes, l'existence de « paramètres intrinsèques à des œuvres d'art [en l'occurrence le nombre d'or], capables de susciter un schéma d'activation neurale spécifique, sous-tendant la sensation de beauté chez l'observateur ».

Référence : Di Dio C., Macaluso E. et Rizzolatti G., « The golden beauty : brain response to Classical and Renaissance sculptures », *PLoS ONE*, 2, 11, 1201-1209 (2007).

ÉVALUER LE DESIGN AUTOMOBILE

Le consommateur entretient avec l'automobile un rapport de forte intimité. Par ailleurs, la voiture fait partie des quelques objets utilisés comme indice du niveau social. Plus que pour d'autres produits, le questionnement du consommateur sur ses attentes, ses préférences, ses motivations, son implication sont susceptibles de générer des biais cognitifs, en particulier de désirabilité sociale. Associer les méthodes classiques de questionnement avec des méthodes complémentaires est dans ce domaine particulièrement intéressant.

Une autre difficulté vient de ce que l'automobile est un objet dont le cycle de renouvellement est particulièrement long. L'évaluation des nouvelles formes ou, plus radicalement, d'un nouveau concept d'automobile, est difficile à réaliser à l'aide d'études de marché classiques. Il n'est pas rare que des propositions novatrices soient rejetées par le consommateur qui a tendance à juger en fonction de son environnement familier actuel. Le risque est alors de figer en année N-2 ou N-3 un design produit qui devra durer jusqu'en N+4 ou N+5, avec le risque d'être perçu comme déjà dépassé lors de son lancement (cas, par exemple, de la première version de la Citroën C5).

Pour résoudre cette tendance des consommateurs à déclarer préférer des designs peu innovants lors d'une première (et souvent unique) présentation, Carbon et ses collègues[1] proposent une méthode d'évaluations répétées (*repeated evaluation technique*; RET). Dans une première phase (T1), le sujet évalue 6 propositions de design intérieur de voiture qui diffèrent par leur degré d'innovation (peu à très innovant) et par leur design (proéminence de formes droites ou courbes) à l'aide des critères *attractivité* et *innovation*. Puis, le sujet doit répondre par oui ou par non à 25 propositions susceptibles de qualifier le type de design intérieur proposé (par exemple : plaisant, confortable, séduisant). Enfin, il évalue à nouveau (T2) les 6 propositions de design intérieur. Concernant le critère *attractivité*, les chercheurs observent une baisse significative

---

1. CARBON C.C., HUTZLER F. et MINGE M., « Innovativeness in design investigated by eye movements and pupillometry », *Psychological Science*, 48, 2, 173-186 (2006). CARBON C.C. et LEDER H., « The repeated evaluation technique (RET). A method to capture dynamic effects of innovativeness and attractiveness », *Applied Cognitive Psychology*, 19, 587-601 (2005).

de l'évaluation du design intérieur d'une automobile, entre T1 et T2, lorsque le design est peu innovant, mais inversement une augmentation significative de l'évaluation du design lorsque celui-ci est moyennement ou très innovant.

Plus récemment, Carbon et ses collègues[1] ont utilisé le même protocole expérimental (RET), mais en mesurant cette fois les réponses électrodermales[2] des sujets exposés à différents designs intérieurs de voiture. Tandis qu'au cours de la phase initiale d'évaluation les réponses électrodermales ne différaient pas, lors de la seconde phase d'évaluation (T2) les auteurs ont observé une augmentation significative du niveau moyen de réponses électrodermales lorsque les sujets étaient exposés à des designs d'intérieur innovants, les réponses restant inchangées face à des designs d'intérieur peu innovants.

De façon complémentaire, l'utilisation d'une technique de poursuite des mouvements oculaires (*eye tracking*) permet d'observer une répartition plus diffuse des fixations oculaires lors de l'exposition à un design innovant. Selon Nodine et Krupinski[3] cette répartition plus diffuse indique une charge cognitive plus importante et un plus grand intérêt à traiter ce type d'information. Les auteurs utilisent également la mesure du diamètre de la pupille et observent un diamètre pupillaire significativement supérieur lorsque les sujets sont exposés à des designs innovants. Ils interprètent cette augmentation en termes d'une plus forte activation et d'une plus grande attention portée aux stimuli traités, associées à une plus forte charge cognitive. Alors qu'aujourd'hui, pour des raisons de coûts et de délais, la plupart des produits ne bénéficient que d'une unique évaluation en mobilisant une seule méthode, ces recherches montrent l'intérêt de croiser différentes méthodes et de procéder à une évaluation répétée des designs produits dans le temps.

---

1. CARBON C.C., LARS M. et LEDER H., « Design evaluation by combination of repeated evaluation technique and measurement of electrodermal activity (EDA) », *Research in Engineering Design*, 19, 2-3,143-149 (2008).

2. Mesure de la conductivité électrique au niveau de la peau. Les réponses électrodermales constituent un bon indice de l'activité du système nerveux sympathique qui accompagne les réactions émotionnelles.

3. NODINE C. et KRUPINSKI E., « How do viewers look at artworks ? », *Bulletin of Psychology and the Arts*, 4, 65-68 (2004).

◖ Posséder une voiture prestigieuse : une récompense ?

L'entreprise qui était encore Daimler-Chrysler, en association avec une équipe allemande de l'Université d'Ulm[1], a été la première firme à reconnaître utiliser l'imagerie par résonance magnétique fonctionnelle en publiant leurs travaux dans une revue scientifique (*NeuroReport*)[2]. Les auteurs de l'étude rappellent qu'un ensemble de structures regroupées sous le terme de circuit de la récompense est activé à la vision de stimuli prédictifs de sensations positives (chocolat, certains visages connus et aimés, etc.). Ils observent que la vue d'une photographie d'une voiture de sport suscite une activation plus intense du circuit de la récompense que celle provoquée par un petit modèle de voiture. Or, une voiture, à la différence de stimuli naturels tel que le chocolat, n'est pas intrinsèquement porteuse d'une récompense à venir (elle coûte même relativement cher et est source de plusieurs millions de morts depuis sa découverte). Cette catégorie de voiture de sport étant généralement associée à une position sociale élevée, ils émettent l'hypothèse que ce type d'objet fonctionne comme une anticipation d'une récompense sociale.

Sur le plan managérial, l'étude de certaines régions d'intérêt particulières – zones participant au circuit de la récompense, zones médiales (*self*), insula – est susceptible de donner aux designers de précieuses indications, d'autant plus que l'absence de recours à la verbalisation permet de supprimer plusieurs biais, en particulier ceux liés à la désirabilité ou au conformisme social.

Ce travail apporte également des informations essentielles en publicité : pour des marques et/ou des modèles prestigieux, une communication centrée sur la reconnaissance du statut social conféré par la possession de l'objet fonctionne visiblement. Ces observations justifient la stratégie de communication des marques prestigieuses présentes dans des écrans publicitaires à la télévision à des moments de forte audience, alors qu'une partie très réduite de la cible est susceptible d'acheter le

---

1. ERK S. *et al.*, « Cultural objects modulate reward circuitry », *NeuroReport*, 13 18, 2499-2503 (2002).
2. Ce n'est plus un cas isolé dans le domaine automobile puisque le premier constructeur mondial d'automobiles Toyota vient d'annoncer son association avec le RIKEN Brain Science Institute (Japon) en vue de mieux comprendre la physiologie du cerveau et du système nerveux et le traitement de l'information par le cerveau (http://www.rikenresearch.riken.jp).

produit. En plus de susciter de nouveaux achats auprès de prospects, ces publicités visent à rassurer le consommateur actuel de la marque : « je fais partie du club de ceux qui réussissent ».

ATTENTION AU PACKAGING

L'enquête de POPAI France [1] sur les habitudes d'achat des consommateurs révèle que 70 % des décisions d'achat sont prises sur le lieu de vente, pas avant. Ce constat souligne pour les distributeurs l'importance du choix des produits dans le point de vente et de leur place sur les linéaires. Cette question est d'autant plus actuelle que le nombre de références présentes en grande distribution ne cesse d'augmenter : environ 8 000 références en 1994, 13 000 en 2003, 18 000 en 2010, tous formats confondus. Plus de 120 000 références peuvent même aujourd'hui être présentes dans les plus grands hypermarchés : Carrefour ou Auchan, par exemple. Puisque la taille des points de vente n'est pas continuellement extensible, le distributeur doit choisir entre la multiplication du nombre de références et l'augmentation de la place accordée à chaque référence. Par exemple, ai-je intérêt à proposer au consommateur huit références de yaourt aux fruits ou à me focaliser sur six références en leur accordant un nombre supérieur de *facings* ?

Récemment, une recherche mobilisant la technique de poursuite oculaire (*eye tracking*, voir Figure 8.3) pour étudier le processus de choix du consommateur face au linéaire de produits en grande surface a permis d'apporter plusieurs réponses [2]. Un des principaux résultats de l'étude est que le nombre de *facings* accordé à une même référence influence fortement l'attention visuelle qui en retour agit sur l'évaluation de la marque. Dans le meilleur des scénarios étudiés – utilisateurs occasionnels d'une marque à faible part de marché –, le doublement du nombre de *facings* conduit à l'augmentation de 26 % du nombre de premières fixations sur le packaging, de 33 % du nombre de « réexamens » du packaging et à une augmentation de 67 % du choix du produit. Contrairement à ce qui avait été avancé dans d'autres travaux, il semble bien que l'importance accor-

---

1. http://www.popai.fr/index.htm
2. CHANDON P., HUTCHINSON W., BRADLOW E. et YOUNG S., « Does in-store marketing work ? Effects of the number and position of shelf facings on brand attention and evaluation at the point of purchase », *Journal of Marketing*, 73, 6, 1-17 (2009).

dée à une référence dans le linéaire, constitue un des leviers d'allocation d'attention les plus importants.

Par ailleurs, les auteurs observent également, en contrôlant le niveau d'attention, que l'emplacement du produit influe directement sur l'évaluation. Ainsi le gain d'attention sera plus facilement « converti » en ventes quand le produit est placé dans la zone la plus haute du linéaire en comparaison avec une implantation du produit dans la zone moyenne ou basse. Ils montrent également que la dimension verticale (zones haute, moyenne ou basse) du linéaire est plus explicative des variations de choix que la dimension horizontale (partie gauche ou droite du linéaire).

Exemple de dispositif *eye tracking* (CRPPC Loustic[1]) Figure 8.3

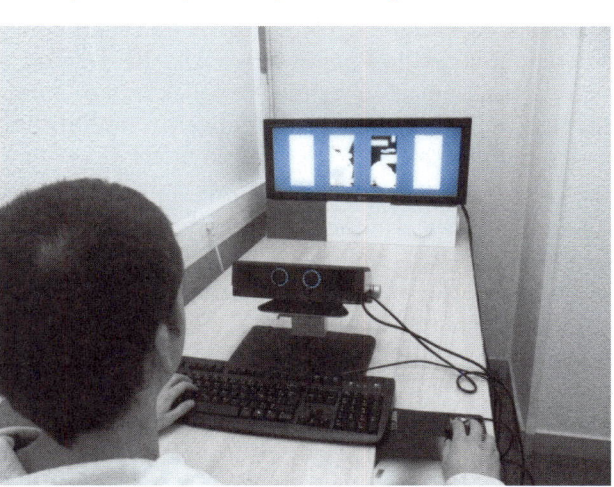

Dans un travail proche sur le plan des objectifs poursuivis – et dans une moindre mesure également dans la mise en œuvre mais recourant à une technique différente –, Braeutigam et ses collègues[2] ont observé à

---

1. Loustic est une plate-forme de recherche pluridisciplinaire où collaborent de nombreux laboratoires bretons dont le CRPPC qui utilise des matériels d'oculométrie cognitive. Elle a été créée dans le cadre d'un contrat projet État – région et est déjà associée à de multiples partenaires industriels ou institutionnels.

2. BRAEUTIGAM S., STINS J. F., ROSE S. P. R., SWITHENBY S. J. et AMBLER T., « Magneto-encephalographic Signals Identify Stages in Real-Life Decision Processes », *Neural Plasticity*, 8, 4, 1-15 (2001).

l'aide de la magnétoencéphalographie (MEG) le décours temporel céré-bral lorsque le consommateur est confronté à une tâche de choix face à un ensemble de produits. 90 millisecondes (ms) après la présentation des packagings, une première réponse située dans le cortex visuel primaire est enregistrée. Puis, 325 ms après, apparaît une activité dans la zone temporale gauche connue pour être impliquée dans le traitement séman-tique et l'interprétation des stimuli basée sur la mémoire. À ce moment, les images sont reconnues et comparées avec les données stockées dans la mémoire à long terme des marques et des produits considérés. À 510 ms, une activité est parfois observée dans l'aire de Broca qui est une zone impliquée dans le langage. Cette activité est probablement le reflet d'une vocalisation silencieuse. Enfin, 885 ms après la présentation du stimulus, apparaît une activité dans le cortex pariétal droit. Alors que de nombreux travaux précédents en marketing opposaient de façon souvent un peu simpliste les compétences de l'hémisphère gauche à celles de l'hémis-phère droit, l'apport essentiel de ce tout premier travail en neuroscience du consommateur tient à la mise en évidence du nombre important de zones cérébrales impliquées dans une simple tâche de choix.

Décidément objet de toutes les attentions, le processus de choix du consommateur face à des packagings a également été étudié à l'aide de l'IRMf. La meilleure compréhension de l'attractivité d'un packaging est au cœur d'une récente expérience conduite à l'Université Zeppelin (Friedrichshafen). Les chercheurs allemands[1] ont observé des activations différentes en fonction du niveau d'attractivité des packagings. L'évaluation des packagings attractifs s'accompagne d'une activation des zones occipitales (gyrus occipital médian) et pariétales (cuneus), signe selon les auteurs d'une plus grande allocation d'attention visuelle, ainsi que d'une activation du circuit de récompense, prédisposant à des comportements d'approche. En revanche, la présentation de packagings jugés peu attractifs provoque une activation de l'insula et de zones fron-tales impliquées dans la détection d'un possible conflit ou d'un risque attendu, prédisposant à un rejet ou à un délaissement.

---

1. STOLL M., BAECKE S. et KENNING P., « What they see is what they get ? An fMRI-study on neural correlates of attractive packaging », *Journal of Consumer Behaviour*, 7, 4-5, 342-359 (2008).

> À RETENIR

▶ Il existe des arguments forts qui sous-tendent l'existence d'une beauté objective, c'est-à-dire l'existence de paramètres intrinsèques d'une œuvre d'art, mais aussi très probablement d'autres objets capables de susciter un schéma d'activation neurale spécifique, sous-tendant la sensation de beauté chez l'observateur : un smartphone, un coupé cabriolet, un rasoir 3 têtes, un transroller, affichent des designs (couleurs, contrastes, réflectances, formes, lignes, matériau, textures, etc.) capables d'activer l'amygdale droite.

▶ Alors qu'en marketing les évaluations de produits sont réalisées le plus souvent avec une seule présentation du produit à l'aide de méthodes verbales, il semble plus efficace de soumettre les sujets à une série de tests préalables à l'évaluation, dans lesquels les sujets manipulent cognitivement l'objet.

▶ Les stimuli sociaux (par exemple, une marque de luxe), tout comme les stimuli naturels (par exemple, le chocolat) sont susceptibles d'activer le circuit de la récompense. Cette activation est aujourd'hui comprise comme une anticipation d'une récompense sociale liée au statut généralement élevé du possesseur de l'objet ou à la valeur sociale supposée de celui-ci.

▶ La place plus importante accordée à une référence sur le linéaire générera automatiquement une plus forte allocation d'attention, dont la valeur pour la transformation en choix du produit n'est pas équivalente selon l'emplacement. La zone supérieure de l'étagère est ici à privilégier.

5 RÉFÉRENCES POUR ALLER PLUS LOIN

- AGGARWAL P. et MCGILL A., « Is That Car Smiling at Me ? Schema Congruity as a Basis for Evaluating Anthropomorphized Products », *Journal of Consumer Research*, 34, 12, 468-479 (2007).
- CHANGEUX J.-P., *Du Vrai, du Beau, du Bien*, Odile Jacob, Paris (2008).
- JACOBSEN T. *et al.*, « Brain correlates of aesthetic judgment of beauty », *NeuroImage*, 29, 276- 285 (2006).
- RAMACHANDRAN V.S. et HIRSTEIN W., « The Science of Art ; A Neurological Theory of Aesthetic Experience », *Journal of Consciousness Studies*, 6, 15-51 (1999).
- ZEKI S., *Splendours and Miseries of the Brain : Love, Creativity and the Quest for Human Happiness*, Wiley-Blackwell (2008).

Chapitre 9

LE POINT DE VENTE : ESPACE D'ACHAT ET VALEURS PROPOSÉS

L e thème de ce chapitre, qui fait suite à la politique d'offre, aborde deux variables du mix, souvent liées, les politiques de distribution et de tarification. Pour des raisons d'espace, il n'est pas possible de traiter exhaustivement les travaux portant sur la psychologie de l'environnement et sur les variables « atmosphériques » du magasin, propres à la recherche marketing. De nombreux travaux, se rapprochant d'une lecture neuroscientifique, ont abordé les aspects spécifiques de l'ambiance musicale, lumineuse, olfactive, tactile et sociale (foule). On pourra orienter le lecteur vers un ouvrage où ces thèmes sont traités plus en profondeur[1]. Ce chapitre abordera des aspects liés à la tarification (qu'est-ce qu'un juste prix ? Le prix influe-t-il sur le jugement produit ?) et liés aux éléments modulant l'atmosphère du point de vente (environnement visuel et perception du temps).

Mots-clés

- Approche
- Activation
- Décision
- Évaluation
- Évitement
- Foule
- Prix

FOCUS SUR LE LOBULE PARIÉTAL INFÉRIEUR : LE GYRUS ANGULAIRE (BA 39) ET LE GYRUS SUPRAMARGINAL (BA 40)

Le lobule pariétal inférieur abrite plusieurs modules cognitifs fonctionnels, dont certains liés à la représentation de l'espace tridimensionnel et de la magnitude (la grandeur de quelque chose, une quantité), ces deux dernières étant d'ailleurs intuitivement liées (petit nombre proche, grand nombre éloigné). Cette perception de la magnitude pourrait

---

1. RIEUNIER S. *et al.*, *Le Marketing Sensoriel du Point de Vente – Créer et gérer l'ambiance des lieux commerciaux*, 3e édition, Dunod/LSA (2009).

même s'appliquer à la perception de différences abstraites, comme par exemple celles des strates d'une hiérarchie sociale (se comparer à telle ou telle classe sociale ou tel ou tel élément d'une hiérarchie, active les zones liées à l'évaluation de la magnitude). Pour certains auteurs, cette zone pourrait également contribuer au sentiment « d'agence » (*agency*), c'est-à-dire la sensation/conviction que c'est « moi » qui fais telle action avec mon corps ou qui pense telle idée dans mon esprit. Un dysfonctionnement de certains modules de cette zone peut entraîner de graves déficits, tels que la perte de représentation corporelle (déréalisation), voire un sentiment de « possession » : l'intention de faire un geste, l'irruption d'une pensée, semblent être alors celles d'une autre personne ou entité, présente en soi...

Figure 9.1

Le gyrus angulaire et le gyrus supramarginal

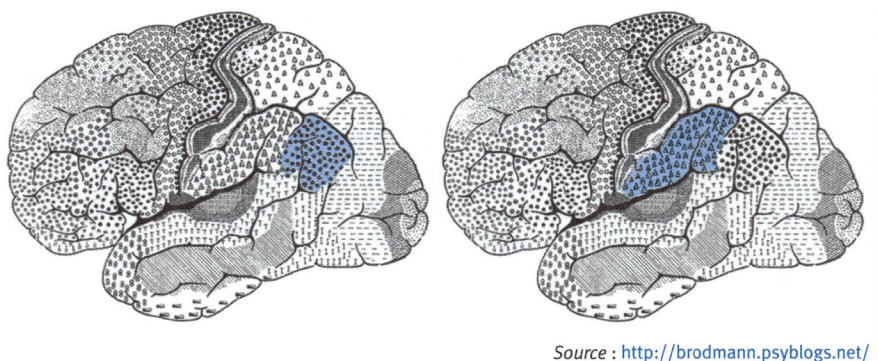

Source : http://brodmann.psyblogs.net/

ACHAT OU NON ACHAT ? J'EN VEUX POUR MON ARGENT !

Deux variables du marketing mix sont intimement liées dans l'offre quotidienne du consommateur : les lieux de présentation de l'offre et les valeurs affectées à chaque offre. Les deux premières sections traiteront de l'offre de prix tandis que les deux dernières évoqueront les atmosphères du point de vente.

L'achat est le résultat d'un arbitrage entre les évaluations que porte le consommateur sur un produit et son prix du produit. Ainsi, une évaluation globalement positive à l'égard d'une offre, conduit le consommateur à l'achat quand le prix demandé semble juste. Certains neuroéconomistes ont avancé l'idée que le processus d'achat d'un produit est sous-tendu par un antagonisme entre le plaisir immédiat apporté par la possession du produit et le déplaisir apporté par le paiement. Cette vision assez binaire, qui peut sembler à première vue un peu réductrice, semble pourtant confirmée par des travaux récents d'imagerie cérébrale. Dans un scanner, il était demandé aux sujets de décider s'ils souhaitaient acheter ou non un produit[1]. Pendant 4 secondes les sujets visionnaient à l'écran les produits (catégorie, marque et photo du produit ; phase 1), puis, pendant 4 autres secondes, était ajouté à ces premières informations, le prix du produit (phase 2). Le sujet avait alors à nouveau 4 secondes pour décider s'il souhaitait ou non acheter le produit (phase 3).

Les résultats montrent que ce sont des régions cérébrales bien distinctes qui sont impliquées dans les processus d'approche et d'évitement. L'évaluation positive du produit, pendant la phase 1, était corrélée avec l'augmentation de l'activité au niveau du noyau accumbens, un des constituants des « noyaux gris centraux » (cf. Focus Chapitre 2). Cette région cérébrale joue un rôle central dans le circuit de la récompense et est également impliquée dans les processus de dépendance aux drogues.

En revanche, un prix jugé excessif était corrélé avec une augmentation de l'activité de l'insula droite, zone cérébrale connue pour être impliquée, par exemple, lors de l'expérience du dégoût chez l'individu (cf. Focus Chapitre 9). Un prix excessif est en quelque sorte un prix aversif.

Les auteurs soulignent que ces deux zones sont tout à fait prédictives de l'achat ou du non-achat du produit. Autrement dit, la simple observation de l'activité cérébrale permet de connaître la décision du sujet, point n'est besoin de lui demander. En marketing, ce type de recherche est évidemment particulièrement intéressant pour mieux analyser des situations dans lesquelles le comportement observé des individus et les évaluations portées sur un produit divergent (évaluation positive et non achat).

---

1. KNUTSON B., RICK S., WIMMER G. E., PRELEC D. et LOEWENSTEIN G., « Neural predictors of purchases », *Neuron*, 53, 147-156 (2007).

C'EST CHER, DONC C'EST BON ! QUAND LE PRIX GUIDE L'ÉVALUATION DU GOÛT D'UN PRODUIT

Pour la quasi-totalité des produits, le consommateur n'est pas en situation de juger, avec ses propres connaissances, de la qualité intrinsèque de tel ou tel produit. Il existe, par exemple, plusieurs dizaines de références de télévisions à écran plat de 81 cm reposant sur des technologies différentes (LCD, LED, plasma). Une variable marketing va être déterminante dans le choix du produit : son prix. Tout comme la marque, le prix est un indice utilisé par le consommateur pour évaluer la qualité du produit et, effectivement, de nombreuses études ont montré que l'augmentation du prix d'un produit conduisait à une plus forte appréciation du produit. Si ce constat est bien connu des entreprises qui l'ont intégré dans leur politique de prix, en revanche, jusqu'à maintenant, peu de chose était connu sur les mécanismes neuronaux sur lesquels repose ce lien évaluation/prix. Récemment, en utilisant les techniques d'imagerie cérébrale fonctionnelle (IRMf), des chercheurs ont observé l'effet de la variation du prix sur l'évaluation[1]. Les sujets étaient invités à évaluer différents vins (Cabernet Sauvignon) dans un scanner. Lors de ces « dégustations », ils étaient informés du prix du produit. En fait, les mêmes échantillons de vin leur étaient présentés deux fois à des prix très différents (vin 1 = 5 \$ et 45 \$, vin 2 = 10 \$ et 90 \$). Les auteurs ont observé que l'augmentation du prix conduisait à une augmentation de l'activité au niveau du cortex orbitofrontal (cf. Focus Chapitre 6). Autrement dit, un prix plus élevé, en induisant une activité plus forte au niveau du cortex orbitofrontal, conduit à une meilleure évaluation du vin dégusté. Point intéressant, les auteurs observent que l'activité des zones cérébrales primaires qui sous-tendent l'évaluation gustative n'est pas affectée par cette augmentation de prix. Le cortex orbitofrontal est probablement une zone intégrant à la fois des informations purement gustatives (processus *bottom up*) et des anticipations sur le goût basées sur des informations comme la marque ou le prix (processus *top down*). Force est de constater que ces dernières informations jouent un rôle déterminant dans l'évaluation subjective finale.

1. PLASSMANN H., O'DOHERTY J., SHIV B. et RANGEL A., « Marketing actions can modulated neural representations of experienced pleasantness », *PNAS*, 105, 3, 1050-1054 (2008).

NE TOUCHE PAS À MA BULLE (PÉRIPERSONNELLE) !

Une forte affluence de clients dans un magasin suscite souvent à la fois des impressions positives (lieu animé, chaleureux, dynamique) et des impressions négatives (anxiété, oppression, manque d'intimité, perte de temps). Pour étudier les effets de la foule sur le consommateur, les chercheurs distinguent classiquement les circonstances objectives de la situation, c'est-à-dire la densité de clients, et l'expérience vécue par le consommateur : l'impression de foule (étudiée en proxémique[1]).

■ Des espaces différenciés

Une des conséquences de la présence d'un grand nombre de clients dans un point de vente est naturellement le moindre espace accordé à chacun d'eux. Or, intuitivement, chacun sait qu'il n'est pas opportun de s'approcher trop près d'une personne. Même si des éléments de nature affective ou émotionnelle sont à considérer (par exemple, le niveau de familiarité existant entre 2 personnes) chaque individu aime voir respecter « sa bulle personnelle », parfois appelée bulle de protection ou de sécurité. Ainsi, les chercheurs s'accordent à distinguer un « espace extra-personnel », un « espace péripersonnel » – la limite entre ces deux zones est située en moyenne à 70 cm de l'axe du corps ; elle peut varier selon les endroits du corps –, et un « espace personnel » directement en contact avec la surface du corps. Des travaux complémentaires montrent que lorsqu'un individu s'approche à moins de 70 cm d'un autre, ce dernier ressent une gêne faible, à moins de 50 cm une gêne modérée et à moins de 30 cm une forte gêne. Des facteurs culturels ont également été mis en avant. Ces dernières années, les chercheurs ont largement exploré cette approche culturelle et souligné que chaque culture perçoit et organise sa propre représentation de l'espace. La distance à respecter pour prendre contact avec l'autre serait différente dans certaines régions du monde et la pénétration de « l'espace personnel » plus ou moins bien tolérée.

---

1. Pour Edward T. Hall, la proxémique est « l'étude de la perception et de l'utilisation humaines de l'espace ».

Approche neuronale de la gestion de l'espace

Les preuves de l'existence de neurones spécifiquement impliqués dans le codage de l'espace personnel sont aujourd'hui apportées grâce à l'imagerie par résonance magnétique fonctionnelle. Ainsi, on a découvert que certains neurones, situés dans le lobe pariétal réagissent spécifiquement aux objets qui sont situés dans l'espace péripersonnel et non extra-personnel. Plus étonnant, la localisation spatiale des objets est codée en fonction de leur proximité avec la main et même des actions qu'ils sont susceptibles de supporter (stylo => écrire ; cf. concept d'affordance, Chapitre 3). Par ailleurs, il semble que ce codage soit dynamique : l'espace péripersonnel peut être étendu, par exemple lors de l'utilisation d'un outil.

Lloyd et Morrison[1] ont étudié l'activité cérébrale de sujets observant une scène entre un homme et une femme en manipulant à la fois le contexte social (homme inquiétant ou non) et la distance (homme situé dans l'espace péripersonnel ou dans l'espace extra-personnel de la femme). Les chercheurs observent une activité cérébrale plus importante au niveau de la partie supérieure du lobe temporal gauche et de la jonction temporo-occipitale quand l'homme inquiétant est situé dans l'espace péripersonnel en comparaison à sa présence dans l'espace extra-personnel. Sont donc codées par ces neurones des informations à la fois spatiales et des informations émotionnelles à implication sémantique.

En définitive, si les facteurs culturels influent probablement sur la représentation que chacun se fait de son espace personnel et sur le partage de cet espace avec « l'autre », plusieurs travaux récents montrent qu'au minimum un précâblage existe, contraignant cet apprentissage culturel. En témoignent les différences entre les hommes et les femmes : ces dernières sont plus gênées par un envahissement de leur espace personnel par les côtés (réservé aux proches) alors que les hommes supportent moins bien un envahissement de leur espace personnel par quelqu'un situé en face d'eux (indice d'agression). Dans un monde en pleine croissance démographique et dans lequel la population se concentre toujours davantage dans les villes, les enjeux ne sont pas minces. De plus, à la lumière de ces différents éléments, on peut porter un regard nouveau sur ce qui constitue l'*intimité* d'une personne et se demander si une des

---

1. LLOYD D. M. et MORRISON C., « "Eavesdropping" on social interactions biaises threat perception in visuospatial pathways », *Neuropsychologia*, 46, 95-101 (2008).

raisons du succès des achats en ligne ne réside pas dans l'absence d'obligation de partager, lors de ses achats, son espace personnel.

L'activation (excitation), prédicteur d'achat dans le point de vente, avec la réponse RED

L'approche neuroscientifique du marketing ne consiste pas uniquement à recourir à d'encombrants équipements, délicats et complexes. Des techniques plus simples et abordables peuvent être utilisées par le neuromarketeur. Un exemple est la mesure de l'émotion et de sa composante d'intensité (l'activation ou *arousal* en anglais) en situation réelle, à savoir dans des boutiques d'un centre commercial.

Groeppel-Klein, chercheuse en Allemagne, a utilisé un modèle portable de mesure de la réponse électrodermale (RED). La mesure de la conductance cutanée est une technique ancienne et largement employée en psychophysique. Il faut distinguer deux grandes catégories de réponses et donc de mesures : la détection passive d'une tension électrique entre deux électrodes sur la paume de la main (endosomatique) et la mesure de la résistance existant entre ces deux électrodes (exosomatique). C'est la deuxième méthode qui a été employée par la chercheuse : un micro-courant est transmis à la peau qui sera plus ou moins conductrice selon le degré de sudation et donc d'émotion (même infime).

Des consommatrices ont circulé librement dans plusieurs boutiques en regardant des produits spécifiques. Elles indiquaient verbalement les choix qu'elles faisaient : décision ou report d'achat. Les mesures continues RED étaient ensuite comparées à ces choix.

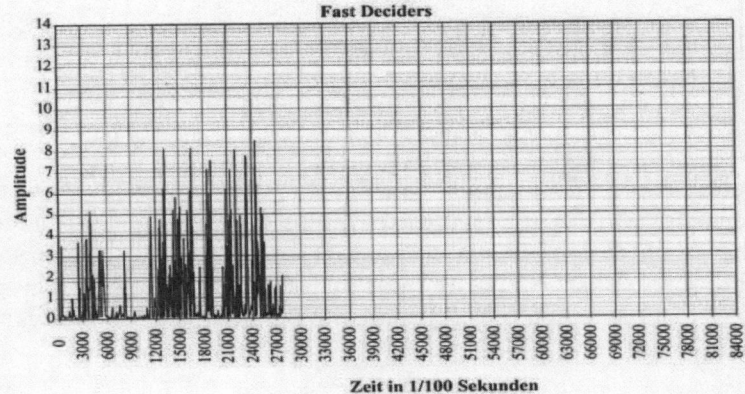

159

On s'aperçoit que les articles qui ont fait l'objet d'une décision d'achat sont associés avec des RED intenses, traduisant un niveau d'activation élevé chez les consommatrices (schéma ci-dessus). En abscisse, figure le temps qui est mesuré en centièmes de secondes et en ordonnée figure l'amplitude de la RED.

A *contrario*, les consommatrices qui ont vite écarté l'éventualité d'une décision d'achat pour un article, montraient un niveau d'activation plus bref et plus faible (schéma ci-dessous).

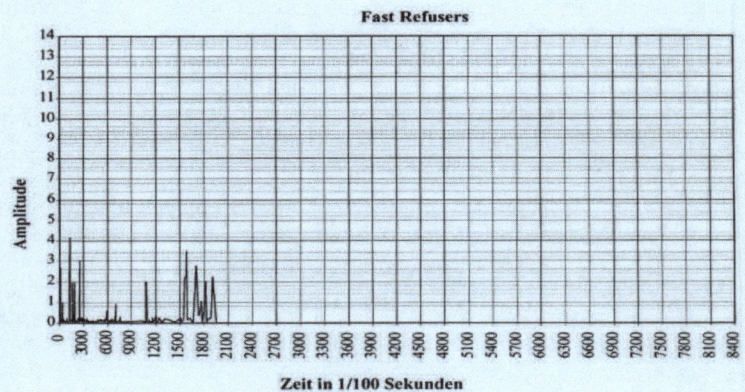

La RED est une des mesures utilisables et exploitables pour apprécier l'attractivité d'un point de vente en général ou d'une offre en particulier.

Référence : Groeppel-Klein A., « Arousal and Consumer in-Store Behavior », *Brain Research Bulletin*, 67, 428-437 (2005).

Des goûts et des couleurs...

La couleur a ceci de particulier qu'elle influence des cognitions ou des comportements pour des raisons multiples et diverses, qui touchent à la fois à la physiologie, à l'apprentissage associatif et à l'éducation ou à l'exposition culturelle. Les effets éventuels de la couleur sont donc plurifactoriels et interactifs[1]. La couleur a été impliquée comme variable

---

1. Moller A. et Elliot A., « Basic Hue-Meaning Associations », *Emotion*, 9, 6, 898-902 (2009).

explicative à la fois pour la perception des prix (cherté perçue d'un produit) et pour le comportement en magasin (d'achat impulsion). Bien sûr, la couleur est aussi directement concernée dans la politique de l'offre, présentée dans les Chapitres 7 et 8.

La couleur de fond d'une publicité, d'un panneau ou d'un écran a-t-elle une influence quelconque sur l'évaluation d'un produit présenté au premier plan ? Diverses études menées depuis 1994 semblent indiquer une influence de la couleur. Mais selon les études, une ou plusieurs dimensions de la couleur (teinte, luminosité, saturation) seraient responsables des effets constatés. Concernant précisément les prix estimés, nous avons pu montrer par ailleurs que la teinte et la luminosité pouvaient modifier les perceptions de cherté de certains produits électroniques grand public[1]. Par exemple, un radio-lecteur CD peut être évalué entre 103 et 127 euros en moyenne, selon la couleur de fond, qui n'est pas consciemment prise en compte dans l'évaluation du prix. De même, un point de vente dont la dominante-couleur tendra plutôt vers les courtes longueurs d'onde (bleu), obtiendra des évaluations supérieures sur plusieurs critères de jugement, portant sur l'assortiment, l'accueil, les niveaux de prix ou de choix, etc.

QUAND ON TROUVE LE TEMPS LONG...

Qui n'a pas trouvé le temps interminable lors d'une attente en caisse de magasin ? Qui ne s'est pas retrouvé en retard après avoir été totalement absorbé dans la découverte d'un rayon CD ou DVD recelant des trésors ? Le temps est une donnée physique et cosmologique qui est traitée différemment selon les individus, les contextes, et les états émotionnels. Voit-on vraiment défiler sa vie en quelques fractions de seconde lors d'un événement gravissime ? Perçoit-on toutes les choses au ralenti lors d'une intense émotion (combat militaire) ? Le jugement subjectif du temps pourrait être altéré par plusieurs facteurs, dont la physiologie du sujet et son niveau d'activité physique, l'état émotionnel, le niveau de charge cognitive instantané et le niveau d'activation suscités par des variables situationnelles.

---

1. ROULLET B., DAHMANE N. et DROULERS O., « Impact de la couleur de fond sur les croyances envers le produit : une approche multiculturelle », *Actes du XIXème congrès international de l'Association Française de Marketing*, 9 et 10 mai, Tunis, 454-468 (2003).

Wenke et Haggard[1] semblent indiquer que des actions volontaires et intentionnelles de la part de sujets, « ralentissent de manière provisoire, une horloge interne durant l'intervalle action-effet ». Bar-Haim et ses collègues[2] ont réalisé une expérience qui montre que des individus de nature anxieuse ont l'impression que le temps passe plus lentement lorsqu'ils sont soumis à des stimuli menaçants (visages exprimant des émotions négatives).

Des études récentes[3] semblent montrer que notre capacité de mémoire de travail est assez limitée (environ 3 à 4 éléments d'information à la fois) et que, par ailleurs, nous ne sommes pas capables d'être réellement multi-tâches, à l'instar d'un microprocesseur, mais au mieux duotâches[4]. Cela signifie que notre charge cognitive peut rapidement atteindre son niveau de saturation et avoir une incidence sur notre évaluation du temps.

Parmi les variables situationnelles précédemment évoquées figure la couleur environnementale. En fonction de la couleur environnante, le temps semblerait passer plus vite, du moins la durée perçue serait réduite, dans un environnement aux teintes chaudes (plus activantes), c'est-à-dire rouge comparé à bleu. Selon des chercheurs, une couleur activante induit une fréquence accrue de l'échantillonnage de l'environnement (par notre horloge interne), provoquée précisément par le niveau d'activation physiologique. L'effet invoqué n'a pas toujours été prouvé : plusieurs études menées depuis 1964 n'ont pu répliquer les premiers constats. Plus récemment, Gorn et ses collègues[5] ont mesuré les durées perçues de téléchargement de pages Web en fonction de la couleur de fond d'écran et ils semblent indiquer que l'aspect relaxant d'une couleur (i.e. moins activante ou plus reposante) induit des perceptions de temps de téléchargement plus courts, c'est-à-dire l'inverse de la théorie initiale. Sur la base des études publiées, il est donc difficile d'émettre des certitudes quant à l'effet des couleurs sur la perception du temps. Des auteurs

---

1. WENKE D. et HAGGARD P., « How voluntary actions modulate time perception », *Experimental Brain Research*, 196, 3, 311-318 (2009).
2. BAR-HAIM Y. *et al.*, « When time slows down : The influence of threat on time perception in anxiety », *Cognition et Emotion*, 24, 2, 255-263 (2010).
3. COWAN N., MOREY C. et CHEN Z., « The legend of the magical number seven », in DELLA SALA S. (ed.), *Tall tales about the brain : Things we think we know about the mind, but ain't so*, Oxford University Press (2007).
4. CHARON S. et KOECHLIN E., « Divided representation of concurrent goals in the human frontal lobes », *Science*, 328, 5976, 360-363 (2010).
5. GORN G. *et al.*, « Waiting for the Web : How Screen Color Affects Time Perception », *Journal of Marketing Research*, 41, 215-225 (2004).

privilégient la solution de l'activation via l'hypothèse de la fréquence d'échantillonnage de l'environnement, tandis que d'autres privilégient l'aspect hédonique d'un stimulus (la valence) qui faciliterait un traitement cognitif holistique, moins exigeant en ressources cognitives.

Les neurosciences, de leur côté, avancent plusieurs solutions théoriques, souvent divergentes. Certaines avancent la proposition selon laquelle il n'existerait pas un seul mais plusieurs mécanismes de comptage de l'écoulement du temps. Le premier mécanisme est l'horloge circadienne, qui s'appuie sur les perceptions de cycles jour/nuit pour sécréter les hormones nécessaires à l'alternance des périodes de veille et de sommeil. Un autre rôle, celui de métronome, précis à la milliseconde, est assuré par le cervelet. En plus de ces structures assez localisées, un « compteur de temps » beaucoup plus généraliste et flexible (dans des durées de l'ordre de la seconde à quelques minutes) implique l'activation d'un réseau complexe[1], comprenant en particulier les noyaux gris centraux (cf. Chapitre 2), l'aire motrice supplémentaire, le cortex préfrontal et le cortex pariétal postérieur. Concernant cette dernière zone, on a supposé également que la numérosité (évoquée dans le Chapitre 3) pouvait avoir une application dans la perception du temps mais des avis contraires ont été récemment avancés[2].

> ### À RETENIR
>
> ▸ Des régions cérébrales distinctes sont impliquées dans les processus qui conduisent à l'achat ou au non-achat.
>
> ▸ L'évaluation d'un produit ne repose pas seulement sur un avantage gustatif. En modulant le prix d'un produit, on observe que l'intégration de l'information d'un prix plus élevé, réalisée en particulier au niveau du cortex orbitofrontal, conduit à une meilleure évaluation. Le prix est donc un élément déterminant de l'évaluation gustative du produit, voire de son évaluation globale, comme Apple l'a démontré ces dernières années. ▸

---

1. BUHUSI C. V. et MECK W. H., « What Makes Us Tick ? Functional and Neural Mechanisms of Interval Timing », *Nature Reviews Neuroscience*, 6, 10, 755-765 (2005).
2. AGRILLO C., RANPURA A. et BUTTERWORTH B., « Time and numerosity estimation are independent : Behavioral evidence for two different systems using a conflict paradigm », *Cognitive Neuroscience*, 2, 1, 96-101 (2010).

> ▶ ► La représentation que chacun se fait de son espace personnel est aujourd'hui largement expliquée par des facteurs environnementaux et en particulier par des facteurs culturels. Cependant, la découverte de neurones spécifiquement impliqués dans la gestion de cet espace montre que nous partageons des modalités communes de traitement cérébral.
>
> ► Les couleurs environnementales ou périphériques peuvent avoir des effets indirects et mineurs sur des processus cognitifs tels que la perception du prix ou du temps passé. Elles auront des effets plus directs sur les états émotionnels.
>
> ► La perception du temps repose sur divers réseaux neuronaux, qui seront plus ou moins modulés selon les caractéristiques propres de l'individu, le contexte et le niveau d'activation rencontrés, ainsi que la durée effective à encoder. L'atmosphère colorée et musicale d'un magasin peut donc être manipulée, par exemple pour contribuer à gérer le temps passé par des consommateurs dans le point de vente.

5 RÉFÉRENCES POUR ALLER PLUS LOIN

- BABIN B., HARDESTY D. et SUTER T., « Color and shopping intentions : The intervening effect of price fairness and perceived affect », *Journal of Business Research* 56, 541-551 (2003).
- GRABENHORST F. et ROLLS E., « Different representations of relative and absolute subjective value in the human brain », *NeuroImage*, 48, 1, 258-268 (2009).
- LLYOD D., « The space between us : a neurophilosophical framework for the investigation of human interpersonal space » *Neuroscience and Biobehavioral Reviews*, 33, 297-304 (2009).
- MCCLURE S., ERICSON K., LAIBSON D., LOEWENSTEIN G. et COHEN J., « Time discounting for primary rewards », *The Journal of Neuroscience*, 27, 21, 5796-5804 (2007).
- PONS F. et LAROCHE M., « Cross-cultural differences in crowd assessment », *Journal of Business Research*, 60, 3, 269-276 (2007).

Chapitre 10
POLITIQUE DE COMMUNICATION

L es études en neuroscience du consommateur traitant de la politique de communication sont particulièrement nombreuses. C'est d'ailleurs le domaine d'expertise sur lequel la plupart des sociétés de neuromarketing se sont positionnées. Renouvelant la pensée marketing sur le sujet, l'approche neuroscientifique permet en effet d'aborder de façon « objective », le rôle des émotions à la fois dans l'appréciation des publicités mais aussi dans leur mémorisation.

Dans ce domaine, se pose de façon récurrente le problème de la mesure des émotions et des premières réponses sont proposées. Une publicité n'intervient jamais seule ; elle est précédée et suivie d'autres informations et parfois elle coexiste avec une autre information. Le sujet du *framing effect* est abordé par plusieurs chercheurs. L'utilisation de célébrités en publicité est une pratique qui se développe mais relève encore d'une approche largement empirique ; l'imagerie cérébrale permet de mieux appréhender les processus de persuasion. Nous terminerons ce chapitre et cet ouvrage par une des découvertes majeures en neurosciences : les neurones-miroirs. Une des spécificités de ces neurones est de s'activer lorsque le sujet fait le geste de saisir un objet mais également quand il observe quelqu'un faire ce geste. Il est aisé de comprendre les nombreux prolongements de cette découverte en communication et plus largement en marketing !

> ## Mots-clés :
> - Célébrités
> - Encodage
> - Émotion
> - *Framing effect*
> - Mémorisation
> - Neurones-miroirs

FOCUS SUR L'AMYGDALE CÉRÉBRALE

L'amygdale cérébrale est située à la face interne du lobe temporal des deux hémisphères. Cette structure très importante pour nos relations sociales est fortement impliquée dans les processus de mémorisation et le traitement des émotions. Ainsi, la présentation subliminale de photographies de visages exprimant la colère provoque chez l'observateur une augmentation significative de son activité. La stimulation électrique de cette zone provoque chez l'homme, le plus souvent, une sensation de forte angoisse ce qui laisse à penser qu'elle joue un rôle important dans les pathologies anxieuses. L'amygdale est également impliquée dans la construction de nouveaux souvenirs et leur consolidation lors des premières années.

Figure 10.1

Localisation des amygdales cérébrales (en bleu sur le schéma)

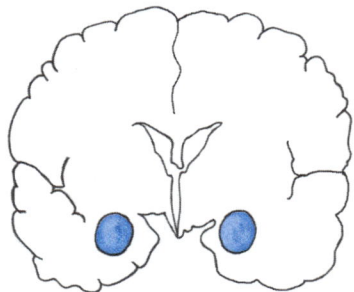

La communication est probablement le domaine dans lequel la neuroscience du consommateur a trouvé le plus rapidement des applications concrètes. En témoigne l'intérêt que les grandes sociétés d'études ont très vite porté aux neurosciences. Ainsi, en 2010, Nielsen, le leader mondial des services d'information, des systèmes d'analyse et des outils de recherche marketing a racheté la société d'étude NeuroFocus, spécialisée dans la neuroscience du consommateur. Nous aborderons dans ce chapitre plusieurs sujets d'étude essentiels en publicité comme les processus de mémorisation, le rôle des émotions, l'importance du contexte ou la découverte et le rôle des « neurones-miroirs ».

À LA RECHERCHE DES INDICES DE LA MÉMORISATION

L'électrophysiologie est l'étude de l'activité bio-ionique des tissus vivants excitables. Les organes les plus fréquemment étudiés sont le cerveau (électroencéphalogramme ou EEG), le cœur (électrocardiogramme ou ECG), les muscles (électromyogramme ou EMG)[1].

Ces méthodes ont très tôt intéressé les publicitaires. Dès 1971, Krugman publiait le premier article mobilisant l'EEG dans un contexte publicitaire, mais c'est dans les années 80 que les travaux ont été les plus nombreux, en particulier ceux de Weinstein et de ses collègues[2]. En fait, ce sont l'ensemble des mesures physiologiques périphériques « objectives » qui ont été utilisées par les publicitaires ou par les chercheurs en marketing (Tableau 10.1).

Variété des techniques de mesure objective en marketing

Tableau 10.1

Technique utilisée	Thématique Marketing	Recensions ou études (exemples)[3]
EEG/potentiels évoqués	Impact pub	Hansen (1981) ; Rothschild et Hyun (1990)
Poursuite oculaire (*eye tracking*)	Saillance pub	Rosbergen, Pieters et Wedel (1997 ; 2007)
Réponse électrodermale (RED)	Activation	Caffyn, 1964

---

1. Même si elle est souvent associée à ces méthodes, l'étude de la conductance de la peau (réponse électrodermale ou RED) ne rentre pas dans le même cadre. En effet, le plus souvent, on ne mesure pas une activité électrique spontanée (pour la technique exosomatique).
2. WEINSTEIN S., DROZDENKO R. et WEINSTEIN C., « Brain wave analysis in advertising research », *Psychology & Marketing*, 3-4, 83-95 (1984). WEINSTEIN S., APPEL V. et WEINSTEIN C., « Brain activity responses to magazine and television advertising », *Journal of Advertising Research*, 20, 57-63 (1980).
3. Les références indiquées ici n'ont pas la prétention d'être exhaustives. Selon les cas, elles citent des études princeps ou représentatives de la technique employée. Les mesures objectives de réponses affectives ont fait l'objet de recensions spécifiques (WILES et CORNWELL (1991) ; DERBAIX et PONCIN (1998), par exemple).

Électromyographie faciale (EMG)	Valence	Hazlett et Hazlett (1999)
Rythme cardiaque	Activation	Watson et Gatchel (1979)
Pouls/pression artérielle	Activation	Hunt (1988)
Pléthysmographie (rythme respiratoire)	Impact pub	Averill (1969)
Dilatation pupillaire	Impact pub	Krugman (1964) ; Klebba (1985)
Analyse fréquences vocales	Valence émotionnelle	Brickman (1976)

Plus de trois décennies après ces premiers travaux, des progrès ont été réalisés. Les améliorations portent moins sur la phase de recueil de l'information que sur la phase de traitement et d'analyse de cette information grâce aux avancées réalisées dans le domaine informatique et en particulier dans celui des logiciels.

■EEG : vers une meilleure compréhension des processus de mémorisation

Une des voies les plus prometteuses des méthodes d'imagerie fonctionnelle devrait concerner les mesures de la mémorisation publicitaire. En effet, les méthodes actuelles souffrent de nombreuses approximations. Par exemple, l'utilisation de questionnaires ne permet d'explorer que la partie explicite, verbalisable du souvenir. Or, comme le montre l'utilisation de tests de mémorisation implicite, une part des éléments mémorisés par l'individu n'est pas accessible par le questionnement. Par ailleurs, la conception même de la mémoire est à reconsidérer. Les agences et les annonceurs se focalisent surtout sur le nombre de souvenirs exacts (rappel, reconnaissance, score prouvé), avec en arrière plan implicite la métaphore de l'informatique (la mémoire fonctionne comme un ordinateur) associée à un stockage passif et « à l'identique » du souvenir. En bref, une représentation binaire : souvenir ou oubli. Il est aujourd'hui largement accepté que le souvenir est le résultat d'une recréation partielle du passé sous l'influence de nos connaissances antérieures. Dès lors, un souvenir peut être assez proche de la réalité sans être exact dans sa totalité. À l'inverse, un souvenir peut être très éloigné de la vérité en conservant néanmoins quelques éléments véridiques (les témoignages dans les faits divers, par exemple). Toutes ces observations plaident pour l'utilisation de méthodes plus objectives de la mémorisation.

Dès 2001, Rossiter et ses collègues[1] étudient la mémorisation de scènes issues de publicités télévisées à l'aide de l'EEG. Ils observent que les scènes qui durent 1,5 seconde ou plus, sont mieux mémorisées que les scènes plus courtes et qu'une plus forte activité de l'hémisphère gauche est associée à une meilleure reconnaissance des extraits publicitaires. Les auteurs concluent que le transfert de l'information visuelle de la mémoire à court terme vers la mémoire à long terme a lieu dans l'hémisphère gauche, et non l'hémisphère droit comme on le croyait auparavant. Ils préconisent donc d'utiliser l'enregistrement électroencéphalographique (EEG) dans une phase de pré-test pour sélectionner les publicités susceptibles d'être les mieux mémorisées. Précédemment, des chercheurs[2] avaient utilisé un protocole expérimental proche et avaient comparé à l'aide de l'EEG l'activité postérieure (occipitale) et antérieure (préfrontal et frontal postérieur). Une meilleure mémorisation des publicités était corrélée avec une plus forte activité dans la zone préfrontale postérieure gauche[3].

◼ Mesures électrophysiologiques et efficacité publicitaire

Récemment une entreprise internationale a constaté que des versions proches d'une même publicité pour un produit de soin de la peau (version 1 : gros plan sur le visage du personnage, version 2 : plan plus large) conduisaient à des résultats différents lors de tests de mémorisation, la version 2 obtenant une meilleure mémorisation des avantages du produit et en particulier des « avantages-clés » avancés par l'annonceur. Afin de mieux comprendre et d'analyser des raisons de ces

---

1. ROSSITER J., SILBERSTEIN R., HARRIS P. et NIELD G., « Brain-imaging detection of visual scene encoding in long-term memory for TV Commercials », *Journal of Advertising Research*, 41, 2, 13-21 (2001).

2. SILBERSTEIN R., HARRIS P., NIELD G. et PIPINGAS A., « Frontal steady-state potential changes predict long-term recognition memory performance », *International Journal of Psychophysiology*, 39, 79-85 (2000).

3. Ces auteurs utilisent cependant des méthodes qui se prêtent plus à l'analyse de décours temporels fins qu'à des identifications de zones précises cérébrales.

différences, une société de conseil a mobilisé de façon concomitante l'électroencéphalogramme (EEG), l'électromyogramme facial (EMG facial) et la mesure de la réponse électrodermale (RED). Les auteurs[1] soulignent que ces versions pourtant très proches génèrent des patterns neurophysiologiques différenciés : une plus forte activité est détectée dans le lobe frontal gauche pour la version 1 et un plus haut niveau d'activation (*arousal*) pour la version 2.

Figure 10.2

Niveau d'activation (RED) significativement différent au moment où apparaissent les différences entre les deux versions du même spot publicitaire

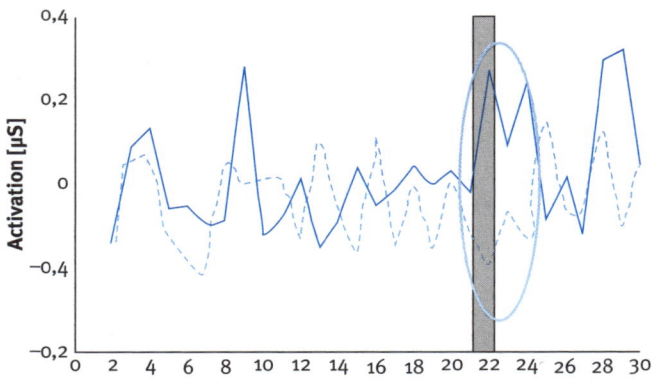

Source : Ohme *et al.*, 2009

L'association d'une entreprise et d'une société d'études ayant des compétences en neurosciences devrait maintenant rapidement se banaliser. De même qu'il y a quelques années les sociétés d'études publicitaires ont constitué des débouchés professionnels pour des individus spécialistes de la sémiologie, de la psychanalyse, de la sociologie et de la philosophie, nous gageons que de nouveaux emplois vont rapidement être créés dans ces sociétés d'études. Elles recruteront dans un avenir proche des neuroscientifiques et des spécialistes du recueil et du traitement des signaux physiologiques.

---

1. OHME R., REYKOWSKA D., WIENER D. et CHOROMANSKA A., « Analysis of neurophysiological reactions to advertising stimuli by means of EEG and galvanic skin response measures », *Journal of Neuroscience, Psychology, and Economics*, 2, 1, 21-31 (2009).

ÉMOTIONS ET EFFICACITÉ PUBLICITAIRE

Longtemps, les publicités informatives ont été privilégiées. On pense bien sûr à la fameuse et classique *Unique Selling Proposition* et aux nombreuses publicités réalisées pour du shampooing, de la lessive et d'autres produits d'entretien, formatées autour d'une promesse souvent justifiée voire démontrée. Dans les années 80, des chercheurs se sont insurgés contre cette approche et ont rappelé l'importance des affects et des émotions. Les publicités rationnelles ou informatives étaient alors été opposées aux publicités émotionnelles. Un des apports considérables des neurosciences a été de montrer l'aspect tout à fait réducteur de cette opposition. Nous sommes en fait constamment immergés dans un bain émotionnel; l'état « non émotionnel » n'existe pas. Il est simplement question de fluctuations plus ou moins importantes de notre niveau émotionnel[1]. Toute perception, toute cognition, tout processus de décision est en permanence coloré, modulé par un état affectif contemporain. La réhabilitation des émotions doit beaucoup au neurologue Damasio[2] qui, contrairement aux convictions antérieures, démontre que la raison ne peut fonctionner de façon optimale sans le renfort de l'émotion.

■ Le problème de la mesure des émotions en publicité

Comme l'illustre un slogan de BMW : « la joie célèbre la beauté », les publicitaires ont parfaitement intégré l'importance des émotions et leur pouvoir persuasif. Il reste cependant beaucoup à apprendre sur le rôle et sur les processus d'action des émotions en publicité. Une des étapes essentielles à franchir pour progresser reste la mesure des émotions. Il semble difficile en effet d'améliorer notre compréhension du rôle des émotions si nous n'arrivons pas à estimer leur nature et leur ampleur. Deux approches conceptuelles des émotions existent aujourd'hui et utilisent des échelles distinctes. L'une d'elle, appelée approche catégorielle ou discrète, distingue plusieurs types d'émotions (dont le nombre varie d'ailleurs selon les auteurs) comme la peur, le dégoût, la tristesse, la colère ou la joie. L'autre, appelée approche dimensionnelle, pose qu'un

---

1. Voir le concept d'homéostasie développé dans le Chapitre 2.
2. Damasio A. (2001), *op. cit.*

état affectif est la résultante de plusieurs dimensions sous-jacentes. Par exemple, Russell et Mehrabian[1] proposent un système tridimensionnel qui comprend l'activation ou excitation (*Arousal*, A), la valence hédonique ou plaisir (*Pleasure*, P) et la dominance (D), comprise comme la possibilité de contrôle ou la maîtrise de l'environnement immédiat.

En demandant à des sujets dans un scanner d'IRMf d'évaluer 5 publicités à l'aide de l'échelle SAM (*Self-Assessment Manikin*) qui mesure les dimensions Plaisir, Activation et Dominance, Morris et ses collègues[2] constatèrent que la dimension Plaisir semblait covarier avec l'activité de la région frontale inférieure (bilatérale) et la région temporale moyenne, alors que la dimension Activation était corrélée avec la région frontale moyenne droite et la région temporale supérieure droite. Il convient de garder à l'esprit le rôle prégnant des modules sous-corticaux (amygdales, noyaux gris centraux) qui modulent les signaux, les transfèrent et pré-mobilisent des schèmes moteurs de comportement. Même si des recherches complémentaires sont nécessaires, ces premières recherches confortent donc l'approche dimensionnelle des émotions et conduisent plutôt à recommander aux praticiens et aux chercheurs l'utilisation d'échelles dimensionnelles comme, par exemple, l'échelle de Russell et Mehrabian ou l'échelle SAM, lors de l'évaluation des émotions dans un contexte publicitaire.

En pratique

L'apparence physique a-t-elle une importance en politique ? Apport de l'imagerie cérébrale.

Michel Spezio et ses collègues du California Institute of Technology ont conduit une expérimentation dans laquelle il était demandé à des sujets de procéder à une élection fictive alors que leur activité cérébrale était observée à l'aide de l'imagerie cérébrale (IRMf).

À chacun des 100 essais proposés, deux photos d'authentiques politiciens (cependant inconnus des sujets) étaient présentées. Les sujets devaient ensuite désigner la personne qu'ils choisiraient en cas d'élection.

En analysant ensuite les résultats, les auteurs n'ont observé aucune différence significative d'activité cérébrale lors de la présentation des photos des politiciens vainqueurs de l'élection. En revanche, lors de la présentation des photos des politiciens battus, les chercheurs ont observé une activité significativement ▶

---

1. RUSSELL J. et MEHRABIAN A., « Evidence for a three-factor theory of emotions », *Journal of Research in Personality*, 11, 273-294 (1977).
2. MORRIS J. D. *et al.* (2009), *op. cit.*

▶ plus importante, de façon bilatérale, au niveau de l'insula et du cortex cingulaire antérieur, régions connues pour être impliquées dans le traitement de stimuli sociaux évalués négativement.

Il semble donc que la composante négative formulée lors de l'évaluation explique davantage le résultat du vote que la composante positive. En extrapolant quelque peu, on pourrait avancer que lorsqu'un sujet a peu d'information, il vote plutôt « contre » que « pour »…

Référence : Spezio M., Rangel A., Alvarez R., O'Doherty J., Mattes K., Todorov A., Kim H. et Adolphs R., « A neural basis for the effect of appareence on election outcomes », *Social Cognitive and Affective Neuroscience*, 3, 344-352 (2008).

▬ Le rôle des émotions dans la mémorisation

Le neurobiologiste Larry Cahill et son équipe travaillent depuis plusieurs années sur les mécanismes neuronaux de la mémorisation d'événements émotionnels. Leurs résultats suggèrent que l'activation des récepteurs bêta-adrénergiques et de l'amygdale cérébrale chez l'homme est essentielle pour améliorer les souvenirs d'événements émotionnels. Ils constatent que le blocage bêta-adrénergique[1] chez l'homme sain diminue la mémorisation des stimuli émotionnels ou que des patients atteints de lésions sélectives de l'amygdale présentent un déficit similaire (des « pilules de l'oubli » sont à l'étude pour des individus étant sujets à des stress post-traumatiques). En outre, on observe chez les patients amnésiques aux amygdales cérébrales intactes, le même renforcement mémoriel pour les stimuli émotionnels en dépit de la diminution de leur performance mémorielle en général.

Dans une des expérimentations réalisées par Cahill et McGaugh[2], les sujets regardent deux montages composés de 12 extraits de films émotionnels et de 12 extraits de films neutres sur le plan émotionnel, montages proposés à 3 et 7 jours d'intervalle. Trois semaines après la deuxième session, la mémorisation des extraits de films est évaluée (test de rappel libre). Les sujets se rappellent davantage des extraits de films

---

1. Le blocage de ces récepteurs provoque également une diminution de la fréquence cardiaque et de la tension artérielle.
2. Cahill L. et McGaugh J.L., « Modulation of memory storage », *Current Opinion in Neurobiology*, 6, 237-242 (1996).

émotionnels que des extraits de films neutres. En utilisant la tomographie par émission de positons (TEP) les chercheurs observent que l'activation de l'amygdale droite est corrélée avec le nombre d'extraits de films émotionnels rappelés mais ne l'est pas avec les extraits de films neutres. Selon Cahill et McGaugh, ces résultats confirment le point de vue provenant à la fois des études chez l'animal et chez l'homme, selon lequel l'amygdale est sélectivement impliquée dans la formation et l'intensité de la mémorisation à long terme d'événements émotionnels.

Sur la base de ces connaissances neuroscientifiques, deux chercheurs en marketing Tim Ambler et Tom Burne[1] exposent des sujets à des publicités à dominante informative ou à dominante émotionnelle. Pour détourner l'attention des sujets de l'objet de la recherche, ces publicités sont insérées dans un programme documentaire. La moitié des sujets reçoit 40 mg de propranolol (médicament bêtabloqueur). L'autre moitié des sujets reçoit un placebo. Les publicités à teneur émotionnelle sont mieux remémorées (rappel) que les publicités informatives chez les sujets qui ont reçu un placebo mais il n'existe pas de différence de mémorisation chez les sujets traités avec des bêtabloquants. Ce traitement empêche donc le renforcement mémoriel pour les stimuli émotionnels. Ainsi, Ambler et Burne montrent que les publicités émotionnelles sont mieux mémorisées que les publicités informatives et que cet effet est dépendant de l'activité des récepteurs bêta-adrénergiques ; si ces récepteurs sont « bloqués », la consolidation mémorielle normalement supérieure pour les publicités émotionnelles grâce à l'action de la noradrénaline sur les récepteurs bêta-adrénergiques de l'amygdale est inhibée. Des résultats expérimentaux ultérieurs qui nous ont permis d'observer une meilleure mémorisation de publicités insérées dans un programme violent, en comparaison à des publicités insérées dans un programme neutre, vont dans le même sens[2].

---

1. AMBLER T. et BURNE T., « The impact of affect on memory of advertising », *Journal of Advertising Research*, 39, 2, 25-34 (1999).
2. DROULERS O. et ROULLET B., « Does Crime Pay for Violent Program – Embedded Ads ? », *Proceedings of the Advances in Consumer Research Conference*, KAHN B.E. et LUCE M.F., (eds.) Toronto, Canada, XXXI, 646-651 (2004).

L'IMPORTANCE DU CONTEXTE EN PUBLICITÉ

La presse écrite est réputée apporter une forte caution au message publicitaire si l'image du support est de qualité. Ainsi, on peut supposer qu'une publicité pour une université ou une grande école sera jugée plus crédible si elle paraît dans le journal *Le Monde* plutôt que dans un magazine connu pour mettre en avant les faits divers et la vie des stars. Deppe et ses collègues[1] se sont intéressés à ce sujet et ont étudié l'influence de la crédibilité de 4 magazines connus en Allemagne (forte crédibilité, crédibilité moyenne, faible crédibilité). Ils ont pour cela demandé à des sujets de décider si des propositions comme, par exemple, « l'institut de recherche américain sur le cancer a prouvé que la consommation de café favorisait l'apparition d'un cancer » insérées dans ces différents magazines étaient vraies ou fausses. Dans ce type de procédure expérimentale, la réponse des sujets ne peut être basée sur la récupération directe d'informations en mémoire leur permettant de donner une réponse avec certitude. Les sujets sont donc conduits à engager un processus d'évaluation. Les auteurs s'intéressent aux sujets qui témoignent d'un effet de biais important et observent que l'importance de ce biais est corrélée avec l'activité dans une région connue pour intégrer les émotions dans le processus de décision : le cortex préfrontal ventromédian (VMPFC)[2]. Il est possible que la procédure d'influence d'une information périphérique (dans le sens où la consigne donnée au sujet n'évoque pas cette information) sur l'information principale à traiter – processus dénommé outre-Atlantique *framing effect* (biais de contexte ou biais de présentation) – soit basée sur la récupération implicite d'informations émotionnelles. Ces recherches pourraient éclairer d'un nouveau jour certains modèles de persuasion publicitaire comme, par exemple, le classique modèle ELM (*Elaboration Likelihood Model*) de Petty et Cacioppo qui stipule qu'en situation de faible implication, un changement d'attitude envers la marque peut survenir en fonction de la prise en compte d'éléments périphériques (route périphérique) et non sur la base des

---

1. DEPPE M., SCHWINDT W., KRÄMER J., KUGEL H., PLASSMAN H., KENNING P. et RINGELSTEIN E. B., « Evidence for a neural correlate of a framing effect : Bias-specific activity in the ventromedial prefrontal cortex during credibility judgments », *Brain Research Bulletin*, 67, 413-421 (2005).
2. Voir le Focus Chapitre 7.

arguments rationnels du message (route centrale). Dans ce cas, le processus affectif est dominant. Ces recherches montrent l'importance des traitements non conscients (en particulier ceux liés aux émotions) et leur influence sur nos croyances et sur nos processus de décision.

LE RECOURS AUX PERSONNES CÉLÈBRES

Le recours aux personnes célèbres comme porte-parole d'une marque, même s'il n'est pas récent (dès 1890, la comédienne Sarah Bernhardt apparaissait sur les affiches de *La Diaphane*, célèbre marque de poudre de riz[1]) est un phénomène de plus en plus fréquent en marketing. De 2000 à 2004, le nombre de personnalités présentes dans la publicité a crû de 60 %. Les sommes en jeu sont importantes : les acteurs Nicole Kidmann et Brad Pitt, ainsi que le golfeur Tiger Woods, peuvent chacun obtenir près de 5 millions de dollars par contrat. En France, Yannick Noah, la personnalité préférée des Français, aurait obtenu environ 900 000 euros pour participer à la campagne de la marque de sous-vêtements Sloggi et Zinedine Zidane toucherait entre 1 et 1,5 million d'euros par an pour représenter une marque (Danone, Adidas, Orange, Dior, Ford)[2].

Sur le plan académique, de nombreuses recherches ont été réalisées afin de mieux comprendre le processus d'influence et de persuasion des personnes célèbres en publicité. Certains modèles soulignent l'importance de l'attractivité physique mais aussi de leur personnalité ou de leur style de vie, en particulier quand le produit promu est destiné à renforcer la beauté physique (modèle d'attractivité de la source). D'autres modèles stipulent que l'efficacité d'un message publicitaire dépend de l'expertise et de la fiabilité de la source (modèle de la crédibilité de la source)[3]. Dans un travail récent, Klucharev et ses collègues[4] rendent compte du rôle important

---

1. LEHU J-M., « Origines et modes d'utilisation des célébrités par la publicité », Thèse de Doctorat de l'Université de Paris 1 – Panthéon Sorbonne (1993).
2. Neumann B., « Leur image, c'est leur capital », *L'Expansion* (http://www.lexpansion.com/economie/leur-image-c-est-leur-capital_ 24822.html), 01/01/2006.
3. HOVLAND C. et WEISS W., « The influence of source credibility on communication effectiveness », *Public Opinion Quarterly*, 15, 635-650 (1951).
4. KLUCHAREV V., SMIDTS A. et FERNANDEZ G., « Brain mechanisms of persuasion : how "expert power" modulates memory and attitudes », *Social Cognitive and Affective Neuroscience*, 3, 353-366 (2008).

de la dimension « expertise » d'une personne célèbre quant à l'évaluation et à la mémorisation du produit associé à cette célébrité. La présentation même très courte d'une personne célèbre, considérée comme experte suivie d'un produit (par exemple, la photo d'André Agassi suivie de la photo d'une chaussure de sport), permet d'améliorer significativement à la fois la reconnaissance du produit dans une liste et l'intention d'achat du produit, par rapport à une situation où le produit est précédé d'une personne célèbre, mais reconnue non experte dans le domaine considéré (par exemple, photo d'André Agassi suivie de la photo d'une boisson alcoolisée).

Zones cérébrales préférentiellement activées lors de la présentation d'objets précédés d'une personne célèbre experte vs. une personne célèbre non expert

Figure 10.3

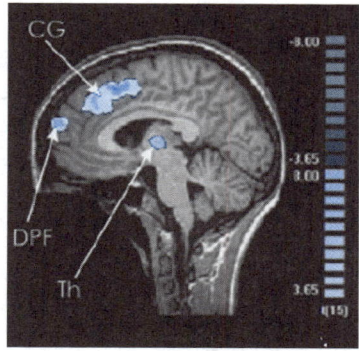

Source : Klucharev *et al.*, 2008

Les chercheurs ont mené une partie de ce travail à l'aide de l'IRMf en demandant aux sujets s'ils percevaient une adéquation entre la personne célèbre et l'objet présenté ensuite. Ils observent que le degré d'expertise perçue de la personne célèbre affecte le processus de traitement de l'objet : les objets précédés d'une personne célèbre et experte suscitent une plus forte activation dans les zones cérébrales concernées[1] par la mémoire sémantique, la mémoire épisodique et la « théorie de l'esprit ». Les auteurs suggèrent que la caution d'un expert suscite un contexte sémantique ou social qui sera utilisé lors de processus conceptuels et

---

1. Ces zones sont le cortex préfrontal dorso-médian gauche, le cortex cingulaire antérieur et le sillon temporal supérieur.

associatifs ultérieurs. Ils observent également que la présentation de personnes célèbres jugées comme expertes (Agassi – sport) suscite une plus grande activation du noyau caudé (connu par exemple pour être associé à des jugements de confiance) et que cette activation est corrélée à une plus grande intention d'achat du produit. Pour les auteurs, l'activation du noyau caudé pourrait refléter un mécanisme de persuasion fondé sur la confiance et la réévaluation de l'objet en terme d'une plus grande valeur perçue. Enfin, la présentation de personnes célèbres et expertes suscite également une plus forte activation dans la zone temporale et dans d'autres régions proches de l'hippocampe, activation associée à une meilleure mémorisation des produits.

NEURONES-MIROIRS ET COMMUNICATION PERSUASIVE

Une majorité de chercheurs s'accordent à penser qu'une des découvertes majeures obtenues grâce aux méthodes de neuroimagerie ces dernières années, est l'identification d'une classe de neurones aux propriétés bien spécifiques : les neurones-miroirs. Longtemps, le système moteur, localisé en zone frontale, a été considéré comme une fonction simplement exécutrice (motrice). Aujourd'hui, les découvertes faites par Rizzolatti, Gallese et leurs collègues permettent de penser que le système moteur est non seulement impliqué dans la planification et dans la réalisation du mouvement mais aussi dans la compréhension du but de ce mouvement. Ainsi des actes seraient codés – et non simplement des mouvements – comme « attraper » ou « tenir ». De plus, une des propriétés de ces neurones est de s'activer lorsque le sujet fait le geste de saisir un objet mais aussi quand il *observe* quelqu'un faire ce geste[1], d'où l'appellation de neurones-miroirs. Rizzolatti souligne qu'une des fonctions essentielles des neurones-miroirs est la compréhension de l'action : « la seule observation visuelle, sans implication du système moteur, ne donne qu'une description des aspects visibles du mouvement, sans informer sur ce que signifie réellement cette action. Cette information ne peut être obtenue que si l'action observée est transcrite et intériorisée dans le système moteur de l'observateur. L'activation

---

1. GALLESE V., FADIGA L., FOGASSI L. et RIZZOLATTI G., « Action recognition in the premotor cortex », *Brain*, 119, 2, 593-609 (1996).

du circuit miroir est ainsi essentielle pour donner à l'observateur une compréhension réelle, intime et expérientielle de l'action qu'il voit »[1].

Produit manipulé dans une publicité *versus* produit non manipulé   Figure 10.4

Source : Lacoste-Badie, 2009

La découverte des neurones-miroirs pourrait avoir d'importantes conséquences pour la conception des publicités. Par exemple, Lacoste-Badie[2] a montré que si le produit était presque constamment présenté dans les annonces télévisuelles, en revanche dans moins d'une annonce sur deux (44 %), celui-ci était *manipulé* par un personnage. La chercheuse a alors comparé l'efficacité de publicités dans lesquelles le produit était, ou non, manipulé par le personnage principal. Les résultats sont sans ambiguïté : les publicités dans lesquelles le produit a été manipulé par le personnage principal sont mieux mémorisées en termes de rappel et de reconnaissance ; en outre, l'attitude à l'égard de la publicité est également plus favorable. On peut d'ores et déjà préconiser aux annonceurs d'intégrer dans la conception des annonces télévisuelles les apports de la découverte des neurones-miroirs. Plus encore, cet exemple montre que, dès maintenant, il est de plus en plus important pour les annonceurs et pour les agences de se tenir informés des progrès réalisés dans le domaine des neurosciences. Dans un secteur d'activité où la différenciation entre les agences conseil en communication est très délicate et repose essentiellement sur des critères éminemment subjectifs, la formation des professionnels, en particulier dans le secteur du planning stratégique, pourrait constituer un véritable avantage concurrentiel.

---

1. RIZZOLATTI G., « Les systèmes de neurones-miroirs », discours à l'Académie des Sciences, 12 décembre 2006.
2. LACOSTE-BADIE S., « La présentation du packaging dans les annonces télévisées : étude des réponses mémorielles et attitudinales des consommateurs », Thèse de doctorat en sciences de gestion, Université de Rennes 1 (2009).

À RETENIR

▸ Lors des phases de pré-tests publicitaires, les techniques neuro-scientifiques actuelles devraient permettre de discriminer des versions publicitaires proches.

▸ Alors que la mesure des émotions en publicité est aujourd'hui un problème mal résolu, les avancées en « neurosciences affectives » permettent de proposer de nouvelles méthodes de mesure – ou d'en étayer certaines.

▸ Le marquage émotionnel lors de la création d'un souvenir permet de rendre celui-ci plus solide et durable et il facilite ultérieurement sa récupération, par exemple lors d'un test de rappel (notoriété spontanée de la marque) ou de reconnaissance (notoriété assistée de la marque).

▸ De nombreuses recherches montrent l'importance des traitements inconscients – en particulier ceux liés aux émotions – et leur influence sur nos croyances et sur nos processus de décision. Dès lors, il devient peu crédible de demander au consommateur d'expliquer en détail les raisons d'un choix ou d'une croyance – ce qui est pourtant bien souvent le cas dans les études marketing.

▸ Le recours aux personnes célèbres (acteurs, sportifs...) est une pratique qui tend à se développer en publicité. Cependant, si certaines recherches ont montré l'intérêt de cette pratique, d'autres en revanche n'en voient aucun. De récents travaux permettent de mieux comprendre l'impact réel de l'évocation de célébrités dans la politique de communication d'une marque. Cette meilleure compréhension permettra de discriminer les situations où la présence d'une personne célèbre est efficace de celles où elle ne l'est pas, de sélectionner le type de personne célèbre (attractivité, crédibilité, expertise...) et de choisir son mode d'intervention dans la publicité (degré de proéminence et degré d'intégration dans la publicité).

▸ La découverte des neurones-miroirs permet de renouveler notre compréhension de l'exécution publicitaire audiovisuelle. D'ores et déjà, la manipulation du produit par le personnage de la publicité a montré son efficacité en termes de mémorisation et de persuasion publicitaire.

5 RÉFÉRENCES POUR ALLER PLUS LOIN

- KATO J., IDE H., KABASHIMA I., KADOTA H., TAKANO K. et KANSAKU K., « Neural correlates of attitude change following positive and negative advertisements », *Frontiers in Behavioral Neuroscience*, 3, 1-13 (2009).
- LANGLEBEN D., LOUGHEAD J., RUPAREL K., HAKUN J., BUSCH-WINOKUR S., HOLLOWAY M., STRASSER A., CAPPELLA J. et LERMAN C., « Reduced prefrontal and temporal processing and recall of high « sensation value » ads », *NeuroImage*, 46, 219-225 (2009).
- LOGOTHETIS N., « What we can do and what we cannot do with fMRI », *Nature*, 453, 869-878 (2008).
- RIZZOLATI G. et SINIGAGLIA G., « The functional role of the parieto-frontal mirror circuit : interpretations and misinterpretations », *Nature Reviews Neuroscience*, 11, 264-274 (2010).
- TRELEAVEN-HASSARD S., GOLD J., BELLMAN S., SCHWEDA A., CIORCIARI J., CRITCHLEY C. et VARAN D., « Using the P3a to gauge automatic attention to interactive television advertising », *Journal of Economic Psychology, in press*, à paraître, doi :10.1016/j.joep.2010.03.007 (2010).

CONCLUSION

Le marketing a toujours existé, quelles que furent ses multiples et successives appellations. Des affiches publicitaires vantaient à Pompéi le cirque et ses gladiateurs, des potiers gaulois imitaient le sceau (le logo !) des céramiques arétines pour séduire (ou abuser) le consommateur (Pucci, 1983 ; cité par Nevett et Nevett, 1987[1]). La logique est toujours de concevoir et de proposer contre rétribution, des biens ou services souhaités ou attendus. L'observation et le questionnement subjectifs ont permis durant deux millénaires de s'approcher ou, du moins, de ne pas trop s'éloigner de cette adéquation offre/attente. Cette quête est aujourd'hui amendable grâce à la neuroscience du consommateur et à l'imagerie cérébrale fonctionnelle qui permet d'examiner de manière non-invasive et en temps réel, les réactions immédiates et incontrôlées des cerveaux de consommateurs, exposés à des produits ou des marques, plus ou moins connues et reconnues. Avec l'intervention de la technologie fondée sur la physique et la biologie, une nouvelle aventure scientifique devient possible pour le marketing, après avoir longtemps emprunté à la psychologie et aux sciences humaines.

1. NEVETT T. et NEVETT L., « The Origins of Marketing, Evidence from Classical and Early Hellenistic Greece (500-300 BC) », *Proceedings of the Conference on the Historical Analysis and Research in Marketing*, 3, 3-12 (1987).

Quel avenir prévisible ?

Quel avenir peut-on prédire pour ces nouvelles disciplines que sont le neuromarketing et la neuroscience du consommateur ? Certains ont pensé qu'il s'agirait d'un feu de paille, parce que reposant sur un simple effet de mode managérial ; d'autres ont prédit que les techniques ne seraient jamais assez précises pour que l'on soit sûr des résultats ; qu'elles resteraient toujours trop chères ou inaccessibles aux entreprises ; d'autres, enfin, pensèrent que l'usage même de telles techniques étaient immorales ou non-éthiques et qu'elles devaient être réglementées voire interdites. Seul ce dernier point est susceptible à terme de demeurer un légitime sujet de réflexion collective. Quelles anticipations peut-on tenter ?

Concernant l'effet de mode, on ne peut prédire si les entreprises (internationales en premier lieu) s'empareront durablement de ce cadre théorique (une partie de celles du Fortune 500 l'a cependant déjà testé). Ce qui est certain, c'est que les progrès neuroscientifiques sont avérés et que le paradigme neuroscientifique a déjà infusé, diffusé largement dans la plupart des sciences humaines et sociales, rendant un retour en arrière assez improbable.

Concernant les limitations inhérentes des techniques, le magazine télévisé américain d'information « 60 minutes » de CBS a diffusé en janvier 2009 un reportage sur les possibilités actuelles et futures de l'imagerie cérébrale fonctionnelle en matière de « lecture de pensée » (*mind reading*, pouvoir déterminer la nature des pensées en cours). À l'issue du reportage, à la question posée « pourra-t-on réellement un jour décrypter des pensées complexes et subtiles et si oui, dans combien de temps ? », Marcel Just de l'université Carnegie-Mellon en Pennsylvanie, répondit : « Oh, oui certainement. Et pas dans 20 ans. Je dirais de 3 à 5 ans ».

Les progrès accomplis par les ingénieurs et physiciens des entreprises spécialisées telles que Siemens, Philips, Toshiba ou General Electric, autorisent à entrevoir de futurs scanners, plus ouverts, plus puissants, davantage multi-technologiques (deux techniques associées) et plus précis dans leurs résolutions temporelle et spatiale. Compte tenu des progrès parallèles réalisés en matière de restitution et d'affichage d'images, on peut imaginer à terme des enregistrements 4D (tridimensionnels sur une période de temps), où le chercheur, immergé dans un hologramme, assistera au ralenti, milliseconde par milliseconde, au développement d'un influx nerveux dans différentes portions du cortex. La mise en œuvre de puissants algorithmes et techniques de traitement statistique, permettra également d'acquérir à partir de stimuli normés, le profil type du métabolisme cérébral d'un individu. Ce profil facilitera les interprétations ultérieures des activations enregistrées dans tel ou tel contexte expérimental.

Est-ce financièrement abordable ?

En matière de coûts et d'accessibilité aux techniques neuroscientifiques, plusieurs facteurs contribuent à sa « démocratisation entrepreneuriale » : le nombre grandissant de cabinets spécialisés proposant leurs services, le nombre croissant de scanners dédiés à la recherche (et plus seulement à la clinique) et d'équipes de recherche associées, les investissements universitaires directs dans ce domaine et la prise de conscience émergente des gestionnaires (privés ou publics) d'équipements d'imagerie au sein des cliniques et hôpitaux, que leurs matériels pourront être mieux amortis (entretenus puis renouvelés) s'ils sont utilisés et loués davantage (soirées et week-ends compris). Si l'on estime aujourd'hui le coût horaire brut d'imagerie à 450 euros (hors frais éventuels de personnels techniques), on peut supposer qu'il est appelé à baisser pour les raisons évoquées. Si l'on compare ce coût aux tarifs de deux à trois focus-groups réalisés par un cabinet-conseil, on conviendra qu'ils sont comparables, pour des apports qualitatifs au moins équivalents.

Ce qui apparaît presque certain aujourd'hui, c'est que l'abandon ou l'oubli de ces techniques neuroscientifiques dans un contexte managérial ou extra-médical – qu'on peut envisager sans les souhaiter – ne seront dus qu'à leur interdiction éventuelle par les pouvoirs publics, interdiction dont la justification sera politique ou éthique. Une interrogation éthique a d'ores et déjà été entreprise, à la fois au sein de la communauté neuroscientifique, parmi les philosophes des sciences ou éthiciens, et au sein d'organisations consuméristes ou non-gouvernementales, pour déterminer s'il existe des limites – et lesquelles – à l'étude de la conscience et de la personnalité humaines. Une discipline a d'ailleurs vu le jour : la neuroéthique, terme proposé il y a quelques années (Farah, 2002[1] ; Foster, Wolpe et Caplan, 2003[2]) et qui est susceptible de revêtir plusieurs acceptions. Une des acceptions de la neuroéthique a pour synonyme l'éthique des neurosciences, à savoir l'interrogation morale quant à l'usage, l'interprétation et l'instrumentalisation des techniques neuroscientifiques. Trois thèmes sont susceptibles d'être abordés par la neuroéthique : les stimulants pharmacologiques (de fonctions cognitives ou végétatives), les interventions judiciaires (« détecteur de mensonges » ou encore injonctions de traitement thérapeutique) et enfin la « lecture de cerveau » (*brain reading*), c'est-à-dire le décryptage et l'interprétation de phénomènes mentaux par le truchement des techniques d'imagerie cérébrale fonctionnelle. Le débat reste ouvert et la plupart des instances politiques, citoyennes, académiques et bioéthiques se sont saisies du sujet.

LES NEUROSCIENCES SONT-ELLES LA PANACÉE DU MARKETING ?

Comme nous avons tenté de le faire comprendre dans cet ouvrage, la théorie (le cadre de références ou de pensée des neurosciences) est plus importante que la seule technique (l'IRMf ou l'EEG). Les bonnes questions peuvent être posées dans ce paradigme et les réponses obtenues par des techniques plus traditionnelles ou plus pratiques (observations, questionnaire papier/crayon ou écran/souris). On dit parfois qu'il est inutile d'écraser une mouche avec un marteau-pilon : il est parfois inutile d'explorer une problématique marketing avec de l'imagerie fonctionnelle, dès lors que des entretiens ou des réunions de groupe fournissent naturellement la solution. Même des professionnels du neuromarketing qui opèrent auprès d'activités très « demandeuses » comme la publicité le reconnaissent, comme nous l'avons vu dans le Chapitre 5. *A contrario*, il y a des thématiques (portant sur des processus inconscients, implicites, subliminaux, émotionnels ou indicibles) qui ne pourront être scientifiquement abordées sans l'apport des neurosciences et de leurs techniques. Le

---

1. FARAH M.J., « Emerging Ethical Issues in Neuroscience », *Nature Neuroscience*, 5, 11, 1123-1129 (2002).

2. FOSTER K.R., WOLPE P.R. et CAPLAN A.L., « Bioethics and the Brain », *IEEE Spectrum*, 40, 6, 34-39 (2003).

recours à ces dernières pourrait faire avancer de manière décisive notre compréhension des attentes et désirs du consommateur, afin :

- d'optimiser les offres marketing pour les attentes qui sont moralement et socialement souhaitables et/ou acceptables (la forme d'une carrosserie, la couleur d'un packaging, le son d'un fermoir, le goût d'une boisson, etc.) et
- de pratiquer un démarketing résolu pour des pratiques ou des consommations jugées moralement et socialement inappropriées et/ou inacceptables (addictions, conduites à risques, abus alimentaires, messages de nature à induire en erreur, etc.).

Il reste à souhaiter pour notre part, que la neuroscience du consommateur pourra se développer autant en France qu'elle ne l'a déjà fait dans d'autres pays européens, américains ou asiatiques. La richesse future de nos sciences humaines et sociales – en particulier en sciences de gestion et en marketing – dépendra en partie de l'accueil réservé à ce nouveau paradigme et aux modalités de son évolution.

Amygdales cérébrales

Noyaux du lobe temporal interne faisant partie du système limbique ; ses fonctions principales concernent les activités végétatives, émotionnelles et sexuelles.

Cartographie EEG

Le traitement mathématique du signal EEG, permet de tracer un spectre de puissance qui précise la puissance de chacune des fréquences composant ce spectre. La représentation de la distribution topographique de ces puissances sur le scalp est appelée cartographie EEG.

Circuit de la récompense

Partie du système nerveux central constitué de plusieurs structures neuronales connectées, à l'origine des sensations de plaisir et de satisfaction.

Cortex préfrontal (dorsolatéral ventromédian, orbitofrontal)

Région corticale du lobe frontal située en avant des aires corticales motrices ; il intervient dans la planification des comportements cognitifs complexes ainsi que dans l'expression de la personnalité et des comportements sociaux adaptés.

Cortex

Substance grise des hémisphères cérébraux et du cervelet comprenant la majeure partie des neurones de l'encéphale.

Cyclotron

Accélérateur de particules circulaire permettant la production de radioéléments tels que l'oxygène 15 (^{15}O), le carbone 11 (^{11}C), ou le fluor 18 (^{18}F).

Glossaire

Dilatation pupillaire

Les constrictions pupillaires sont des réactions très précoces du système orthosympathique en charge de l'activation. La pupille se dilate avec le plaisir (valence positive) et se contracte avec le déplaisir ou l'hostilité.

Dimorphisme (sexuel)

Le dimorphisme sexuel représente l'ensemble des différences morphologiques (anatomiques) plus ou moins marquées entre les individus mâles et femelles d'une même espèce. On inclut des différences physiologiques et cognitives.

Électroencéphalographie (EEG)

Cette méthode ancienne (1929) est basée sur le fait que l'activité des neurones du cortex cérébral entraîne des variations de champ électrique enregistrable au niveau du scalp.

Électromyographie (EMG)

Technique d'exploration des muscles basée sur l'étude et le recueil (électromyogramme) des potentiels électriques de repos et d'action.

Épigénétique

Se dit des phénomènes liés à la modification du schéma d'expression des gènes sans qu'il y ait une modification de la séquence des nucléotides. Les gènes ne changent pas mais sont exprimés ou non, de telle ou telle manière en fonction de l'environnement.

Eye-tracking

Voir poursuite oculaire.

Gender Studies

Domaine d'étude académique, portant sur la question du genre sexuel, et la différence sociale faite entre les sexes biologiques.

Gyrus fusiforme (ou gyrus occipito-temporal)

Une circonvolution médiane du lobe temporal qui est activée lors des traitements visuels de la couleur, de la reconnaissance des visages et du traitement visuel d'objets dont on est expert.

Hémisphère

Les hémisphères cérébraux sont les parties droite et gauche du cerveau, reliées par le corps calleux.

Hippocampe

Structure corticale bilatérale et symétrique, repliée sur elle-même, située dans la face médiane du lobe temporal et faisant partie du système limbique. Il joue un rôle dans la mémoire spatiale ainsi que dans la consolidation de la mémoire.

Imagerie cérébrale fonctionnelle

Elle s'oppose à l'imagerie structurale. Cette dernière donne des images statiques, fixes ; la première donne des images dynamiques (voir neuro-imagerie).

Imagerie à résonance magnétique fonctionnelle (IRMf)

Elle repose sur le fait que l'hémoglobine a une signature magnétique légèrement différente selon qu'elle contient plus ou moins d'oxygène. La méthode courante vise à détecter les variations de concentration locale en désoxyhémoglobine (méthode BOLD, *Blood Oxygen-Level Dependant*).

Isotope instable

Un isotope est un corps simple dont le noyau atomique a le même nombre de protons qu'un autre mais dont le nombre de neutrons est différent : par exemple l'oxygène 18 (^{18}O) et l'oxygène 15 (^{15}O). La proportion de neutrons dans le noyau peut rendre l'atome instable : il peut être radioactif.

Magnétoencéphalographie (MEG)

Elle détecte les minuscules champs magnétiques générés par l'activité électrique des neurones synchronisés.

Mémoire épisodique

Elle concerne les souvenirs auxquels on peut associer des éléments biographiques personnels, qui comportent parfois des éléments affectifs et/ou sensoriels (ex : la « madeleine de Proust »).

Mémoire sémantique

Elle concerne des données indépendantes de nos épisodes biographiques. Le fait de savoir que Canberra est la capitale de l'Australie n'est pas associé à la personne qui s'en souvient.

Neuroéconomie

Tentatives d'appliquer des méthodes neuroscientifiques à des questions relevant de la recherche en économie ou en gestion. Des concepts plus théoriques (théorie des jeux) sont alors étudiés.

Neuroendocrinologie

Science qui a pour objet l'étude des sécrétions hormonales du système nerveux.

Neuroimagerie

Toutes les techniques qui permettent de visualiser la structure et/ou le fonctionnement du système nerveux central au cours de l'accomplissement de certaines tâches ou lors de certains états. Elles incluent les mesures d'activité électriques, magnétiques et métaboliques. En plus des techniques précisées dans l'ouvrage, notons les stimulations transcrâniennes (TMS), l'imagerie dans le proche infrarouge (NIR *imaging*) et l'imagerie par diffusion (DTI).

Neurones-miroirs

Ils correspondent à une classe particulière de neurones visuomoteurs situés dans le cortex (frontal) prémoteur et le cortex pariétal antérieur. Ces neurones ont ceci de particulier qu'ils s'activent lorsqu'on fait un geste particulier, lorsqu'on imagine le faire ou encore lorsqu'on le voit s'accomplir.

Neurosciences

Ensemble des disciplines qui ont pour objet d'établir la nature des relations entre la cognition et le cerveau. On distingue les neurosciences cognitives (individuelles et sociales) des neurosciences affectives.

Paradigme (des neurosciences)

Un paradigme est une représentation du monde. Il existe des présupposés implicites dans cette discipline : (a) le cerveau humain est le produit de l'évolution, (b) l'être humain appartient à une espèce qui n'est pas fondamentalement différente des autres, (c) il existe une identité entre des événements mentaux et des événements neuronaux (la même chose), (d) tout comportement humain explicite est la résultante d'un fonctionnement du système nerveux central.

Potentiels évoqués (PE)

Mesure de l'activité EEG en réponse à un événement survenu. En répétant une même stimulation un grand nombre de fois, il est possible de mettre en évidence des ondes positives et négatives caractéristiques des différentes étapes du processus traitement de l'information.

Poursuite oculaire (eye-tracking)

Technique permettant d'enregistrer en continu la direction et la durée du regard sur un objet de l'environnement. L'appareil (parfois portable) comporte généralement une caméra pour enregistrer le champ de vision et un capteur infrarouge qui repère les déplacements de la pupille.

Prosodie

Les phénomènes d'accentuation et d'intonation (variation de hauteur, de durée et d'intensité d'un son articulé) que l'on retrouve dans le langage parlé.

Psychologie cognitive

Elle étudie les grandes fonctions psychologiques de l'être humain que sont la mémoire, le langage, l'intelligence, la perception ou l'attention.

Pupille

Voir *dilatation pupillaire*.

Récompense

Voir *circuit de.*

« Renforceur » (ou renforçateur)

« Stimulus qui a le rôle effectif dans la procédure de renforcement ». « Selon Miller et Hull, c'est un stimulus qui produit une réduction de tension [...] On appelle un renforçateur secondaire le stimulus ayant produit un renforcement, mais dont la capacité acquise est due à un apprentissage préalable » (Jean-François Le Ny, *Grand Dictionnaire de la Psychologie*).

Réponse électrodermale (RED)

Elle représente les changements des propriétés électriques de la peau humaine, qui se produisent lors des interactions entre l'environnement et les états psychologiques d'un individu. Une émotion induit une RED quelques secondes après le stimulus.

Scanner

Appareil appelé aussi tomographe qui, comme son étymologie l'indique, permet d'obtenir des clichés (structuraux ou fonctionnels) sous forme de « tranches » contiguës.

Substrats neuraux

À chaque processus cognitif ou affectif, correspond un ensemble complexe d'activations cérébrales (successives ou simultanées) qui mobilisent un ou plusieurs modules cérébraux. Le substrat neural représente la partie biologique d'un phénomène cognitif.

Stimulation magnétique transcrânienne (TMS)

Elle est utilisée en neuropsychologie clinique ou expérimentale, pour simuler des lésions et donc des dysfonctionnements neuronaux du cortex. Un faible champ magnétique appliqué au niveau du scalp induit un faible courant électrique qui inhibe les neurones corticaux d'une zone donnée. On crée donc une lésion virtuelle, inoffensive et réversible.

Système limbique

Groupe de structures cérébrales jouant un rôle très important dans le comportement et en particulier, dans diverses émotions comme l'agressivité, le plaisir, la peur, ainsi que la formation de la mémoire.

Thalamus

Structure cérébrale profonde, généralement divisée en une vingtaine de noyaux, qui constituent l'un des principaux relais des voies sensitives allant vers le cortex cérébral.

Théorie de l'esprit

Capacité humaine de ressentir les émotions d'autrui ou de deviner ses intentions, au travers de ses comportements moteurs, posturaux (en particulier les émotions faciales) et langagiers.

Tronc cérébral

Structure du système nerveux central situé dans la fosse postérieure du crâne, sous les hémisphères cérébraux ; il abrite entre autres, des noyaux responsables de l'éveil et de l'activation du cortex.

LOCALISATION DES AIRES CORTICALES

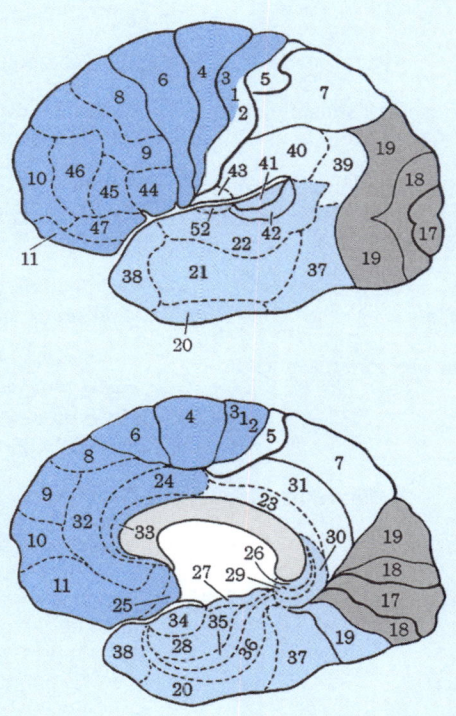

Source : http://brodmann.psyblogs.net

En toute exactitude, il faudrait tenir compte de la latéralité hémisphérique et donc distinguer les aires homologues de l'hémisphère gauche de l'hémisphère droit. Pour 90 % des droitiers et 70 % des gauchers par exemple, l'aire du langage (aire de Broca : BA 44) est située dans l'hémisphère gauche uniquement. Il ne s'agit donc ici que d'un simple vadémécum accompagnant l'ouvrage. Les principales fonctions sont déduites des méta-analyses publiées, dont celle de Stéphane Desbrosses (http://www.psychoweb.fr), de l'ADD Centre (Biofeedback Institute of Toronto) et de Dan Lloyd, (Department of Philosophy and Program in Neuroscience, Trinity College, Hartford, Connecticut).

Annexes

Aires de Brodmann d'intérêt en NSC	Appellations neuro-anatomiques	Fonctions avérées (ou supposées)
1, 2, 3	Cortex somatosensoriel primaire	Actions motrices et perceptions somesthésiques
4	Cortex moteur primaire	Représentation du corps
5	Cortex somatosensoriel associatif	Traitement des informations somatosensorielles
6	Cortex prémoteur et aire motrice supplémentaire (SMA)	Planification de tâches complexes et mouvements coordonnés
7	Cortex somatosensoriel associatif	Coordination visuo-perceptive ; localisation spatiale
8	Cortex prémoteur associatif	Planification de mouvements complexes, gestion de l'incertitude et contrôle des mouvements oculaires
9	Cortex préfrontal dorsolatéral	Planification, mémoire de travail, régulation de l'action et fonctions intellectuelles supérieures
10	Cortex préfrontal antérieur	Supervision exécutive pour planification et contrôle (action et fonctions mentales) ; récupération mémorielle
11/12	Cortex orbitofrontal	Prise de décision, mémoire de travail, comportements d'approche ; modulation affective
15	Cortex insulaire (insula)	Proprioception et émotions basiques conscientisées
17	Aire visuelle primaire	Sa lésion entraîne une cécité corticale

18	Aire visuelle secondaire	Fonctions d'intégration multi-modale ; reconnaissance des formes ; attention visuelle
19	Aire visuelle associative	Abrite le gyrus fusiforme
24	Cortex cingulaire antérieur ventral (partie du gyrus cingulaire)	Volonté, libre arbitre ; détection d'anomalies ; réactions physiologiques émotionnelles
39	Lobule pariétal inférieur	Compréhension du langage (aphasie si lésion) ; perception spatiale ; numérosité
40	Aire de Wernicke	Compréhension du langage écrit et parlé (résolution d'ambiguïtés à droite)
44	Aire de Broca	Élaboration du langage articulé ; compréhension verbale ; catégorisation

LES PRINCIPAUX CABINETS DE NEUROMARKETING DANS LE MONDE

Classement par ordre alphabétique :

- BRIGHTHOUSE NEUROSTRATEGIES Clint Kilts Atlanta USA
- BRAIN IMPACT Arnaud PETRE Bruxelles Belgique
- COMAO Jean-Paul Catherine Sartrouville France
- DELPHI Fotis Filippopoulos Thessalonique Grèce
- EMSENSE Keith Winter Chicago USA
- EN TETE Cécile ARIAS La Défense France
- FKF APPLIED RESEARCH Joshua Freedman Washington DC USA
- INNERSCOPE RESEARCH INC. Brian Levine Boston USA
- MAP BRAIN COMMUNICATION Mario di Pietro Prato Italie
- NEURO INSIGHT Richard Silberstein Melbourne Australie
- NEUROCO LTD. (filiale Neurofocus) David Lewis Weybridge Royaume Uni
- NEUROFOCUS (Nielsen) A.K. Pradeep San Francisco USA
- NEUROINSIGHTS Zack Lynch San Francisco USA
- NEUROSENSE LTD. Michael Brammer Londres Royaume Uni
- PHDMEDIA CANADA Fred Auchterlonie Toronto Canada
- SALESBRAIN, LLC Patrick Renvoisé San Francisco, Paris USA/France
- SANDS RESEARCH Stephen Sands El Paso USA
- SHOP CONSULT Roland Jenny Amstetten Autriche

Déjà parus dans la collection :

Pour l'éditeur, le principe est d'utiliser des papiers composés de fibres naturelles, renouvelables, recyclables et fabriquées à partir de bois issus de forêts qui adoptent un système d'aménagement durable. En outre, l'éditeur attend de ses fournisseurs de papier qu'ils s'inscrivent dans une démarche de certification environnementale reconnue.

54564 - (I) - (1,8) - OSB 90° - DAT - MLN

Achevé d'imprimer sur les presses de
Snel
Z.I. des Hauts-Sarts - Zone 3
Rue Fond des Fourches 21 – B-4041 Vottem (Herstal)
Tél +32(0)4 344 65 60 - Fax +32(0)4 286 99 61
septembre 2010 – 52020

Dépôt légal : octobre 2010

Imprimé en Belgique